李宗盛（Jonathan Lee），1958年7月19日出生于中国台湾台北市，中国台湾歌手、音乐制作人。

代表作品《凡人歌》《寂寞难耐》《鬼迷心窍》《真心英雄》《当爱已成往事》《给自己的歌》《梦醒时分》《爱的代价》《山丘》等。

李宗盛

人生没有白走的路，每一步都算数

张绛　著

华文出版社
SINO-CULTURE PRESS

图书在版编目（CIP）数据

李宗盛：人生没有白走的路，每一步都算数 / 张绛著. -- 北京：华文出版社, 2020.7

ISBN 978-7-5075-5165-5

Ⅰ. ①李… Ⅱ. ①张… Ⅲ. ①李宗盛—生平事迹
Ⅳ. ①K825.76

中国版本图书馆CIP数据核字（2019）第166777号

李宗盛：人生没有白走的路，每一步都算数
LIZONGSHENG RENSHENG MEIYOU BAIZOU DE LU MEIYIBU DOU SUANSHU

著　　者：张　绛
出版策划：兴盛乐
责任编辑：胡慧华
出版发行：华文出版社
社　　址：北京市西城区广安门外大街305号8区2号楼
邮政编码：100055
网　　址：http://www.hwcbs.com.cn
电　　话：总 编 室 010-58336239　　发 行 部 010-58336267　58336230
　　　　　责任编辑 010-58336197
经　　销：新华书店
印　　刷：北京柯蓝博泰印务有限公司
开　　本：710 × 960　1/16
印　　张：14
字　　数：160千字
版　　次：2020年7月第1版
印　　次：2020年7月第1次印刷
书　　号：ISBN 978-7-5075-5165-5
定　　价：42.80元

序　言

初听不知曲中意，听懂已是曲中人

有些人，走着走着就散了；有些感情，处着处着就淡了。

那个在我们生命中丢失了的人，他（她）让我们撕心裂肺，却从此学会假装没事；他（她）让我们舞步坚强，却也笨拙得发狂，寂静得发呆。有些与他（她）相关的记忆，仿佛是独步旅行中的一道远山掠影，悠长又渺小，挥之不去，却又感慨颇深。再回首，所谓山盟海誓，真像极了一个巴掌，每一次想起，就挨一个耳光。

在体验了感情中的无常后，许多人爱上了李宗盛，他的歌就像是一面镜子，在夜凉如水的月色中响起，反照每个人的内心。那些刚刚撕裂了的伤口，或者早已愈合的创伤；那些你以为的风轻云淡的告别，或者刻骨铭心的缅怀，都能在他的歌曲中寻觅到共鸣。

对于音乐爱好者来说，李宗盛是一个神奇的存在，是无可撼动的乐坛“教父”级人物，是我们公认的“大哥”。他的每一首歌都是一个故事，而每一个故事都是一段人生。他把经历、感触凝练成歌曲，唱给每一个有故事的人听。

“初听不知曲中意，听懂已是曲中人”，对很多人来说，李宗盛是与我们最有共鸣的音乐人，他抽丝剥茧般的歌词，能把一个人内心最真实的自己抽离出来，通俗易懂的语言，散发着迷人的人间烟火气。他写的每一首歌，都带着淡淡的沧桑感，闭目倾听，总觉得像一位熟识的大叔坐在你旁边，叮嘱、期盼、缓缓地讲述，给予你理解、包容和安慰，他自带平易近人的亲切，且和你心有灵犀，他的歌总是很“李宗盛”。即使是独特的“半读半唱”的风格，也像在谆谆教导，那种洞察人心的功力相当强，而体现在歌词中就是一种感人肺腑的震撼力，那种老辣感，让人感同身受的同时不自觉地埋头抚慰自己的伤疤。

“旧爱的誓言，像极了一个巴掌，每当你记起一句，就挨一个耳光，然后好几年都闻不得闻不得女人香”，听他的歌，勾起了多少人早已尘封的记忆，让后来的自己成了那个最清醒的回顾者。

但喜欢听李宗盛歌的人，又绝不仅仅是70后、80后，90后也有喜欢李宗盛的。他的歌总是用最简练、朴实的大白话把内心最真切的感情表达出来。歌词就是不同的人生淬炼，有如火的青春、有洋溢的热情、有淡淡的哀伤，也有人生的厚重，而对于感情，年龄又何尝是一种限制呢？因此，近年来，我们发现，喜欢李宗盛的年轻人也越来越多了。

李宗盛是一位创作能力惊人的音乐制作人，他的创作灵感，既源于他对人、对事、对生活的热情，又体现为他自身的经历。

出生于中国台湾北投一个普通瓦斯（气体燃料，分为液化石油气、天然气与煤气三大类）店主家庭的李宗盛，尽管在做教师的母亲严厉的教导下努力学习，奈何成绩却总是一塌糊涂，连续两次高考落榜，硬是读了整整七年私立工专才侥幸毕业，使他过早地成为人们眼中“可能一辈子都不会有什么出息”的孩子。

这样的打击曾让他迷茫自卑过，年轻的他每天趿拉着拖鞋穿过臭水沟，来回地奔波，一边帮父亲送瓦斯；一边却做着看似遥不可及的音乐梦，那是他仅存的对于人生的期望。

是的，李宗盛最大的且是唯一的爱好就是弹吉他，少年时在自学吉他的道路上发挥着前所未有的执拗劲儿，即使白天累得筋疲力尽，可是哪怕只要有一丁点儿空，他都会挤出时间来练习吉他、写歌词，并在夜晚跑去歌厅演唱。

好运总是青睐于固执到近乎有些疯狂的人。当所有人的质疑像一盆冷水从头顶浇过时，李宗盛对于音乐的狂热，让他拨云见日，驱散了阴霾，终于，他成功踏入了滚石唱片公司。

之后的人生，李宗盛一发而不可收，他所写的歌曲几乎无一不受到欢迎，在他的打造下，周华健、张信哲、赵传、成龙、梁静茹、辛晓琪、娃娃等人，从寂寂无名，一举成为歌坛巨星。

张艾嘉曾经半真半假地问过他一句话，“小李，你到底有没有爱过我？”其实这是间接印证了一个事实，作为金牌制作人，李宗盛捧谁谁就会红，这个过程，绝不是简简单单地付出，江湖传言，他每监制一个女歌星，都会和她谈一次“恋爱”。虽说得有些夸张，但李宗盛也是明确回应过的，他说：“多多少少制作人会跟歌手有微妙的关系，写歌需要付出真感情，制作人一定要爱上他的歌手。”

事业开花的他，果然真挚地爱上了一个合作的歌手——林忆莲，为了这段感情，他几乎放弃了所有：家庭、事业，顶着社会舆论的巨大压力，远赴加拿大，陪着她度过生命中最甜蜜却也最煎熬的光阴。他们的爱情既是一种成全，也是一种负担，在那段时间里，他的事业几近停滞，曾经好不容易走到一起的两人在六年后突然分手，从不顾一切、相濡以沫，到无可奈何、劳燕分飞，他们的恋情令所有人一声叹息。

“她的爱在心里，埋葬了，抹平了，几年了，仍有余威”，曾经情深似海，如今只留余情。他们的童话爱情，终于还是被岁月所辜负。沧海桑田后的李宗盛后来写下了许多悲伤苦痛的句子，“我们的爱若是错误，愿你我没有白白受苦”。谁说深情不能是一句简单而温馨的祝福与告别呢？他的歌词总是能撕扯着人心。

李宗盛无疑是一名感情丰富的音乐人，他从毫不起眼的小人物，到大名鼎鼎的金牌制作人，再回归到淳朴的制琴师，他将自己情感与命运的纠葛，演绎得淋漓尽致。

或许正是生活的际遇成全了他，对他这样的创作才子来说，生活的一帆风顺，往往比不得百转千回般的饱经风霜。毕竟，有故事的人生总是精彩万分的，他关注平凡人，写他们缠绵悱恻的爱情，也写他们风花雪月外的人生，歌词写得既字字珠玑又情味绵长。

在他的创作下，一首首歌曲活灵活现地演绎着我们司空见惯却又无力表达的痛彻心扉，我们每个人的故事，都能从他的歌词里找到共鸣，他教会我们在感情里做个清醒的人，也做一个乐观的人，幸福时别藏得太深；悲伤时也能坦诚面对自己。他也教会我们不要一味为了梦想，边走边丢，不要等越过山丘后，才发现无人等候。

他的歌是有灵魂的，承载起你我的故事，故事里有窗前的明月光，也有心口的一颗朱砂痣……

目 录

Chapter 1 越过山丘，却发现无人等候

吉他与初心 / 2
当爱已成往事 / 8
愿你我没有白白受苦 / 16
洗尽铅华呈素姿 / 21

Chapter 2 和自己赛跑的人

人生没有白走的路，每一步都算数 / 28
生活的压力和生命的尊严哪一个更重要 / 33
失败 · 理想 · 成功 / 38
既然青春留不住，还是做个大叔好 / 45
单曲循环纵贯线 / 50
珍物 / 58
新写的旧歌 / 62

Chapter 3 只认好声音

梁静茹：亦师亦父 / 66
张艾嘉：爱的代价 / 71
陈淑桦：梦醒时分 / 76
周华健：让我欢喜让我忧 / 84
赵传：我终于失去了你 / 91

辛晓琪：领悟 / 97
张信哲：爱如潮水 / 102
莫文蔚：阴天 / 107
五月天：知遇之恩 / 113
成龙：真心英雄 / 119
娃娃：漂洋过海来看你 / 125
李剑青：清醒的人最荒唐 / 130
杨宗纬：怀珠 / 138
无印良品：我们好像从未在一起过 / 145
王杰：最大的意外 / 150

Chapter 4　嬉皮笑脸面对人生的难

我写的不是歌，是人生 / 158
最大的痛苦是发现大多数音乐是垃圾 / 164
上海和北京 / 168
先把每一天过好 / 175
我们最终要嫁的是爱情，而不是时间 / 179
纽约伦敦开唱，再创华语乐坛传奇 / 184

Chapter 5　每一个人的爱情里，都有一首李宗盛

生命中的精灵 / 190
鬼迷心窍 / 194
每一个人的爱情里，都有一首李宗盛 / 198
滚石爱情故事 / 203
极品老男人：台湾李宗盛，香港卢冠廷 / 208

Chapter 1

越过山丘，却发现无人等候

时常幻想，奔跑的路上有人陪伴，可越过终点才发现，那个人早已丢失，而自己只是活成了自己想要的样子。

吉他与初心

1958年7月19日，李宗盛出生于中国台湾台北市北投区，那是一个发展缓慢的小镇——“就像长辈送给你的一件旧毛衣，明显地过时，却让人满心温暖”，这是他对家乡的感觉。父亲是瓦斯行老板，也就是当地煤气派送站的老板，母亲是高中教师。作为教师儿子的李宗盛，学习成绩却不怎么样，从上小学起，他的成绩就一直在班里倒数，初三那年还答不出（a+b）的平方是啥。

为了能让他进高中重点班，母亲给他报了一个非常厉害的补习班，这个补习班厉害到什么程度呢？据说班上的学生几乎没人考不上重点高中。而对李宗盛来说，这个补习班之所以“厉害”，只在于老师经常体罚学生，而被体罚的那个永远是他。他已经足够努力，可后来的升学考试中，这个班上只有两个学生没考上，他就是其中之一，另一个则是智商稍微有点欠缺的同学。

李宗盛永远无法忘记，在他两次高考落榜后母亲那一脸沮丧无言的模样，而他对人生也充满疑惑与悲观，他每天都很沉默，他知道失败的人是没有说话权利的，因为即使说了也不会有人认同或赞赏。

无奈之下，家人只好带着他四处报考，结果，不论是私立高中、教会学校，还是“国立”艺专，统统没人接收。最后，他去读了一家私立工专，在那里学习电机专业。李宗盛的理科本来就一塌糊涂，有时候像流体力学类的一个题目他都要解三个黑板才解得出来，这让他很有挫败感。读第一年的时候，他勉强糊弄过去，等到第二年时就挂了很多科。因为每门学科都要修学分，他的学科分没修够，就只能在暑假时继续留校补修，五年后，别的同学顺利毕业，他的学分还没修够，只能继续念书，最后花了整整七年才毕业。

学习不好，在班里，无论老师还是同学，没人理睬李宗盛。“当时，没有任何证据显示，我是一个可以在社会存活的人，每走一步，都会被告知：你的一生将注定没有出息”。

李宗盛非常喜欢音乐，十四岁时他得到一把破旧的吉他，那是他人生的第一把吉他，他拿着它手舞足蹈，好不兴奋。灰色的学习生活，唯一能带给李宗盛快乐的，只有音乐。之后，他一直没有停止对音乐的喜爱，他自学了键盘、吉他、乐理知识等，渐渐对音乐有所造诣。走进校园，当有一天他听说学校有几个搞原创音乐且很受欢迎的同学也玩吉他时，他走过去自我介绍“你们好，我也是玩吉他的”，于是，他和那几名同学组合了乐队，在当时我国台湾地区校园民歌大受欢迎的时候，他们的乐队也风靡一时。

音乐带给李宗盛不一样的感受，他将内心的惆怅与不甘通过歌曲表现出来，他写道：“那时候我们身边都有一卡车难题，不知道成功的意义就在于超越自己。”

毕业后，那几名同学不再玩音乐了，随后他们的乐队解散了。李宗盛不得不回家跟着父亲去送瓦斯，他在新社区的电线杆上绑电话牌子，扛着瓦斯罐，穿过臭水沟，每天来回奔波，异常疲惫。回到家里，再用热水浸泡早已僵硬的双手，他要用这双手继续谱写更好的歌曲。

现实虽残酷，但李宗盛却有着一股来自心底的自信，他觉得自己并不笨，他也不甘心成为一辈子送瓦斯的那种人。他告诉自己，不能活成别人认定的样子，而是应该选择做自己。

自那以后，他更加坚定了自己的音乐梦想。白天，他送瓦斯；晚上，他就去一家餐厅唱歌。在那段只有吉他做伴的孤独时光里，他感受平凡人的不易，体验人生最平淡的美，他经常跟吉他对话，把自己的心事都悄悄告诉它。后来，在《沉默的人》中，他这样写道："这世界是如此喧哗，让沉默的人显得有点傻。这些人是不能小看的啊，如果你给他一把吉他……"

事实证明，一个人找到自己的梦想真的非常重要，没多久，李宗盛的人生就发生了转折。他在餐厅里遇到了自己音乐道路上的贵人——他的第一位女友郑怡。

当时，郑怡已经是滚石唱片公司小有名气的民谣歌手，两人认识后，李宗盛就经常陪着她去录音室录音，每次看到制作人在调音台把按钮推上去拉下来，显得很有权威的样子，他就心生向往，对，这就是他想要的生活！郑怡的一些企划会议、选歌等活动，李宗盛都跟着去学习，原本他只是想积累一些经验，谁知有一天，机会突然降临到他头上。

原来，郑怡的制作人要离开外出发展，箭在弦上，李宗盛吉他弹得好，又组过乐队，就顺理成章地成了接班人。

那是李宗盛永远也忘不掉的日子，当他走到录音室，看到一早准备好的乐谱，桌子上摆好的香烟、槟榔、盒饭什么的，听到录音棚里监听响起的时候，眼泪简直要决堤！这是他的梦，他做梦也没想到一个求学无门的瓦斯行小鬼就这样走向了自己的梦想！

吉他带来了音乐，也彻底改变了李宗盛的命运。从那以后，他在音乐道路上几乎势不可当。1983年，他为郑怡制作的专辑《小雨来得正是时候》，让她一炮而红。紧接着，初出茅庐的李宗盛再接再厉，他笔耕不辍，写出了《爱的代价》《忙与盲》《寂寞难耐》《我是一只小小鸟》《我终于失去了你》《真心英雄》《爱如潮水》《希望》《伤痕》《夜太黑》《凡人歌》《在我生命中的每一天》《明明白白我的心》《梦醒时分》等大量脍炙人口的歌曲，这些歌曲牢牢占据各大金曲榜，个个掷地有声，成为无可取代的经典歌曲，也奠定了李宗盛金牌制作人的地位，他终于从“小李”变成了人人皆知的“流行音乐教父”。

35岁那年，李宗盛决定离开滚石唱片公司，他先后去了加拿大和中国香港，那是他人生的第二个转折。他在《远行》中写下，“我需要安静下来，想象未来怎么安排……”

那几年，也是中国台湾地区音乐环境骤变的几年，人和歌就像速食面，节奏很快，他作为老派制作人，对于歌曲的把握和创作依然精益求精，他不愿“随波逐流”，也自觉对公司已无太多帮助，很多会议已经不再通知他，就像是人到中年必然迎来的更年期，他自认那是逃不掉的，唯有自我调整。此时，他想起了自己最爱的那把吉他。

对于吉他，李宗盛把它当作生命中最重要的伙伴，“它知道我内心所有的不安和沮丧”，但“吉他就是西方制造”这样的标签让李宗盛感到遗憾，“我始终觉得，我们既然能写出脍炙人口的自己的歌，也应该有一个被我们的音乐和听众认可和接受的自己的吉他品牌”。1997年，李宗盛想改变这种现状，他只身去了加拿大，那里以制作顶级吉他而闻名于世。

到了加拿大，李宗盛被深深地震撼了：那里的琴师们自给自足，过着返璞归真的隐士般的生活，他们为了做一把好吉他，常常深入自然，对木料精挑细选，从选材，到设计，再到后期制作，每一个成品都蕴含着他们无穷无尽的付出。李宗盛被感染了，自那以后连续五年，他都奔波在中国台湾地区与加拿大之间，潜心学习制作吉他的每一道程序。

李宗盛给自己的吉他取名为“李吉他”，45岁那年，他有了自己的吉他品牌。那时，他跟林忆莲已经结婚，定居在上海，在距离住处大约70公里的小镇上，他租下了一间小厂房，日夜投入到吉他的制作中。

后来，经过四个月的摸索，李吉他横空出世，但价格不菲，普通的一件都要数千元人民币，朋友都很喜欢他做的手工吉他，仍纷纷购买。而李宗盛也以最大热情赠送给好友罗大佑，有次做客《康熙来了》，蔡康永当场唱了他的歌曲，他兴致盎然，当场签字画押要送一把手工吉他给他。

对于不少爱好音乐的艺人来说，“李吉他”就是一个象征，它体现了李宗盛对生活与艺术的感悟，他把对人生的理解，几乎都投入到了吉他之中，对他来说，做吉他并不纯粹是爱好兴致，而是当作下半生的事业来做。“木头是有生命的，在不同时期，不同的温度里经过你的手，质感会不一样。”他如是说。

起初接受同行订单的那几年，李宗盛几乎每天都要忙到凌晨三点多，他会开车去京郊的森林里感受木材，然后决定为他熟悉的每个朋友做出最适合他的吉他。周华健、陈绮贞、五月天等，他们的吉他用料都不相同，都融进了他对他们的理解和诚意。他说：“吉他就像一个人的梦想，应该被慎重对待，既不能轻易开始，也不应轻易放弃，不然梦想就不贵重了。”

摩挲着手中的木吉他，李宗盛憨态可掬，他微微一笑，淡淡地说：“我只是个简单的、写歌儿的人。”

过尽千帆，繁华不过一时，生命的本真却在自我放逐中悄然绽放。重回歌坛后，李宗盛乘坐地铁、骑脚踏车，尽情享受普通人的生活，他已学会对许多东西释然、放下，甚至无动于衷。

也正是这种质朴的精神，他写的歌词总是直白、简单、质朴，华语乐坛流行的矫揉造作之风，在他笔下一扫而空。他像是随时都可以与我们擦肩而过的人，他了解、体察我们每个普通人的情感需求，他的歌总能在瞬间击中我们疲惫的灵魂，唤醒我们对生命的认真。他不消极，不腐朽，没有一地鸡毛，只有夜凉如水的那种冰凉，让我们在一边听着他的歌，一边兀自感慨，明明那些歌词都是如此质朴，他却为何总能轻易就撩拨我们那颗不安的心？怎会在听完他的歌曲后内心渗出隐隐约约的痛？

当“音乐教父”成为跟我们一样平凡的人，音乐的盛典里便见证了一个无数人都可以朝着理想不断奋进的奇迹，这也是他的初心：“这世界是如此喧哗，让沉默的人显得有点傻，这些人是不能小看的啊，只要你给他一把吉他！”

当爱已成往事

对热恋中的人来讲，每一段恋情，都似世间最美丽、最绚烂的火焰，哪怕举世皆谤，哪怕转瞬幻灭，哪怕不留余地，也要为这份真挚的感情演绎最缠绵的美，因为有这样一种人，为了你，他可以与全世界为敌。

爱情，就像我们经历的无数个年轻的夜晚，手拉手坐在人潮汹涌的广场边，翘首以待的那一场烟花。烟花直冲云霄，花瓣如雨，纷纷洒落，似乎触手可及。

然而，烟花易冷。刹那芳华，如同指尖尘沙，再回首，天空只有暗沉。后来的自己，迷迷凄凄，独享一世沉寂。

他是李宗盛，她是林忆莲，他们的爱情便如这烟花。遇上她之前，他比烟花还寂寞。

林忆莲祖籍浙江宁波，1966年出生于中国香港，她与这座城市似乎有着注定的联系，16岁读高中那年，她陪同学去参加香港商业电台《第一次》的电台DJ（DiscJockey，唱片骑师，一个负责打碟的职业名词；全书同）面试，结果同学落选，她则因嗓音独特而被录取。就这样，阴差阳错地与音乐结缘，走入人们的视野。

之后，年仅19岁的林忆莲便带着个人粤语专辑《林忆莲》闯进香港乐坛，由于唱功超强，专辑一经推出就大获成功，迅速成了香港新生代艺人中蹿红最快、最受瞩目的一位。

她不算传统审美意义上的标准美人儿：瓜子脸，细长的单眼皮。在那个时代也不流行小眼睛，但她眼神温柔性感，笑起来眼睛眯成一条清浅的线，飘飘悠悠，别有一番韵味。长长的波浪卷，同时又自带御姐范儿，使她看上去迷人、生动、神秘又妩媚。

16岁的她在香港听了李宗盛的歌《寂寞难耐》后，一下子被这个才华横溢的男人吸引了，她拉着王杰一起合唱他的歌。而那时候，李宗盛已经是中国台湾地区著名的金牌制作人。林忆莲的经纪人兼男友许愿很想帮她打开国语市场，冒着被所在公司封杀的风险，亲自跑到台湾地区帮她联系了李宗盛。造访两次，无比忙碌的李宗盛客客气气地见了他，却只给了他五分钟时间，许愿留下林忆莲的专辑，那里面有她翻唱的他的歌，李宗盛收下后，听也没听，便没有了下文。

一开始，他们之间好像就意味着错过，各有自己的生活天地。

之后，许愿转头联系了李宗盛所在滚石唱片公司的老对手飞碟唱片公司，飞碟的一个制作小组帮林忆莲出了一张专辑《爱上一个不回家的人》，没料到，林忆莲一炮而红。

此时，李宗盛已婚，太太朱卫茵是林忆莲的歌迷，有一天，她拿着林忆莲的歌曲满是赞赏地对他说："这个女孩的歌真是不错！"李宗盛反复听完后，追悔不已。紧接着，滚石唱片主动频频联系许愿，希望合作。1992年，在朋友的介绍下，两个差点错过的人第一次见面。

失而复得的喜悦，或许比初次相逢便一拍即合更令人刻骨铭心，心神荡漾。这一次，李宗盛第一眼见到林忆莲就一见倾心。许愿则趁热打铁，请他帮她写歌。

两周后，李宗盛将《不必在乎我是谁》交给了林忆莲："我觉得有点累，我想我缺少安慰，我的生活如此乏味，生命像花一样枯萎，我整夜不能睡，可能是因为夜晚喝咖啡，如果是因为没有人陪，我愿意敞开心扉，其实，真的想让自己醉，让自己远离那许多恩怨是非，让隐藏已久的渴望，随风飞，喔，忘了我是谁……"

其实那时，他与太太的婚姻已陷入瓶颈，婚姻毫无滋味，让他陷入困扰。怎能不说，这不是他对她的一种告白呢？

多年后沧海桑田，他才在给张信哲的歌词里承认，那首《我是真的爱你》其实就是当初为林忆莲而写的："我初次见你，人群中独自美丽。你仿佛有一种魔力，那一刻我竟然无法言语。从此为爱受委屈，不能再躲避。于是你成为我生命中最美的记忆。"

而林忆莲当初看到这首歌词时，禁不住泪目，这完全也是她第一次见到他时的心情，没想到竟被他一眼识破。

为这首歌，李宗盛拉来了自己的一众好友顶配制作。一个女人即使再有才能，倘若没有遇到那个懂她的人而又予她有力支持的话，想更上一层楼，也是很难的。无疑，林忆莲遇到李宗盛，是她事业走上巅峰的开始。

李宗盛自然是了解自己合作的每一位歌手的，这是职业需要，也是他的多情所致。他擅长揭开人心底最阴暗潮湿的那道伤疤，而如果对方恰好也让他怀有无限好感的话。因为了解，他才能把情感灌入歌词，写出最打动人心的作品。而长期待在录音棚里工作，歌手所呈现出的感性与真实的状态，又非常容易让他心生爱怜。

那是1993年的一个午后，他来到电影拍摄的现场寻找灵感，当时演职人员都非常忙碌，而角落里一个纤细瘦弱的女子的背影映入了他的眼里，他远远地站在那里，观察着这个略显落寞与孤寂的背影，她是那样的宁静脱俗。这个人便是林忆莲，在那一刻，他的脑海里就对她再也挥之不去。

后来，《我是真的爱你》就成了他专门写给她的内心独白，他们开始了正式交往。没多久，她顺利加入滚石唱片，成为公司力捧的歌手。工作上的频繁接触，他们的感情也在心有灵犀中历久弥新，爱得轰轰烈烈不顾一切。

1993年，电影《霸王别姬》的主题曲、片尾曲，邀请李宗盛和林忆莲合唱《当爱已成往事》，“往事不要再提，人生已多风雨，纵然记忆抹不去，爱与恨都还在心里，真的要断了过去，让明天好好继续，你就不要再苦苦追问我的消息……”惆怅悲伤的歌词，他们却唱得情意绵绵，心花怒放，眼波流转，甜甜蜜蜜，显得那样与歌词不合时宜。

这是他们合唱的第一首歌，谁又能知道，若干年后，他们的爱情也真的成了往事，这似乎又是一个不吉利的开始。日后，这首歌成了他的禁区，逢唱必哭。

1995年，在李宗盛的全力打造下，林忆莲的专辑《Love，Sandy》在全亚洲销量达四百多万张，成了迄今为止林忆莲销量最高的一张专辑。才子佳人珠联璧合，惺惺相惜，越发爱得不可收。

然而这份爱面临的却是来自社会的压力，林忆莲不得不为此承受小三的骂名，而李宗盛也被骂作负心汉，起初的越挫越勇，逐渐变成不堪重负。已经怀孕的林忆莲卖掉香港的房产，放下如日中天的事业，毅然选择远走他乡疗治情伤。

1997年，她刚到加拿大没多久，李宗盛后脚就追来了。他主动离了婚，跑到她家楼下，飘着雨的夜晚，坚定地站了一宿。次年，他们结婚了，不久，女儿李喜儿也出生了，她安心做了他的家庭主妇。

三年后，李宗盛与滚石唱片公司的合约期满，他没有选择续约，也是从这个时候起，他的事业开始走下坡路，经济条件也今非昔比。

2000年后，林忆莲的创作班底中不见了李宗盛。2002年，林忆莲在香港连办四场演唱会反响热烈，选择重战香港乐坛的她再度迎来了事业的崛起，两人之间形成的巨大差距，让李宗盛压力倍增，有次他因为林忆莲在舞台上的穿着略显暴露而大发雷霆，此时他决定从上海搬往北京，重新规划、开启事业航标。两人之间很少见面，各忙各的，也使他们心灵的距离渐渐拉大。

有一次，李宗盛跟一个女歌手传出绯闻，林忆莲从媒体上看到后立即打电话质问，他很苦恼地反问她，这种媒体炒作的噱头你难道不明白？林忆莲虽然相信丈夫，却也不开心这样的频繁炒作，哪个女人能忍受丈夫与年轻靓丽的姑娘成天闹绯闻并心如止水呢？

随着两人反差越来越大，他们的心已渐渐在不知不觉中朝着相反的方向前行。这场历经波折和令人艳羡的婚姻，最终遗憾地落下了帷幕。

人到中年失婚，不论男女，都会很痛，说不上谁辜负了谁，也说不上谁已经不爱谁，只是缘分尽了，该转身了。他是个痴情的人，离婚后依然对她念念不忘，而她，兴许是感觉受伤，绝口不再提他。

对于外人，只能靠揣测，谁也搞不懂究竟为什么这对璧人冲破万难走到一起，却又决然分手。关于原因，有不少种传言：有说婚后，她受不了他对前妻两个女儿太过疼爱，让她心生罅隙；也有人说，都是生活在云端的人，一旦频繁与锅碗瓢盆打交道，自然受不了人间烟火的琐碎，矛盾便越积越深；也有人说，她想回香港，而他决意去北京，两人立场不同，谁也无法妥协。

离婚前，林忆莲写过一本美食书《上海回味》，她说："我经常用做饭来调节心情，但是心情不好就不要做了，做了也不好吃。"婚姻就像美食一样，勉强下去已经毫无意义，或许那时候，两人都已滋生了这种感触。

婚后，她发现他们沟通并不顺畅，本来以为这个最了解女人的男人会非常了解她，结果成了她的丈夫后，这个男人变得最不了解她。其实，对于李宗盛而言，他又何尝没有这样的奢望呢？天底下哪一桩好的婚姻不是男女相互包容理解的契合？在后来的回忆中，他忧伤而淡淡地说："我的妻子对我的了解，都不及我的一把吉他。"

越相爱，便越渴望索取更多，亲密的人都认为那是无可厚非的，就像在父母面前调皮捣蛋的孩子，不论自己怎样胡作非为，最终的结果都是大人包容我们，久而久之，心里的期待值也就更大。然而现实却往往如同冷水，希望越大，失望越大，久而久之，心里就有了一个怎么解也解不开的死结，等到最后醒悟，已经无力挽回。

总之，就在那样一个午后，李宗盛告诉林忆莲，他想去香港散散心，而林忆莲也以为他想要调节心情，谁知他却再也没有回来过。无论是在生活，还是在音乐中都出现了分歧的两个人，终于在他的歌词里一语成谶。

2004年，离婚声明里，他写道："Sandy，我们的爱若是错误，愿你我没有白白受苦。"这是他第二次写同样的话，第一次是对前妻朱卫茵，而林忆莲当时看到后就哭了。

她的回应也简洁利索："今天北京刮了一整天怪风，雨亦下得很凶，无尽的灰洋洋自得，人的心情自然也没好到哪里。天空的闪电叫我看见闪光灯，想起镜头前的我，那么陌生。没有想过要为自己婚姻状况写声明，的确有一种莫名的荒谬感。还是要多谢大家的关心，我想我们都很好，亦做了一些准备。迎接各自的未来，似乎也不那么遥远，就让生命多一些颜色吧！"

他们的爱情让无数喜欢他们的人唏嘘不止、惋惜万分。很多人说真正的爱人分手之后是不可能成为朋友的，因为再多看一眼，都还想要拥有。他曾是那个最懂她，激发她所有的潜能，打造了全新的她的人，他的知遇之恩她怎能忘记？而他对她的欣赏，又怎会烟消云散？虽然失去了爱情的土壤，但他们依然还是朋友。

离婚后，有一年林忆莲去台北做活动，她抽空去了他的吉他店，捧场买了一张CD（Compact Disk，激光唱片，光盘；全书同）。店员见是她，立即表示不用付钱，但林忆莲却半开玩笑地说："我还要包包、吉他。"众所周知，李宗盛的吉他纯手工制作，价格昂贵，店员无奈之下，只得说："那要请示老板。"这样一来，店员就不好再坚持。

某一年，她来中国台湾地区开演唱会前，他在自己的演唱会上隔空与她合唱那首《当爱已成往事》时突然哽咽不止。演唱会结束，他号召大家都去捧场即将举行的她的演唱会。

后来的后来，林忆莲这个名字，成了他内心永远不能触碰的疼痛，媒体也很善解人意，每次采访他时，都会尽量避开那个名字。

恋爱无疑是激发创作灵感的原动力，越是艰难受阻，越会奋力反抗，情感的爆发就更加澎湃，势不可当。而一旦归于平静，生命似乎就少了点色彩，乏味日显，激情不再，往往又让人莫名忧伤落寞。或许，作为艺术家，他天生是属于忧伤和多愁善感的，就像是一只小鸟，白天生活在喧闹中，逆风飞扬，阻力越大，越要高飞，可等到飞上青天，却又感到高处不胜寒。此时，便会对自己充满疑惑、质疑，又开始下一轮新的寻找……

有时候"相见不如怀念"，在一起反而不如没在一起的好。李宗盛回忆他们在加拿大结婚的那天，阳光明媚，他站在那里，却忽然想到了阴天，莫名落寞。或许，对于他来说，太过幸福和美满，反而是一种羁绊。

跟她在一起的那几年，他的事业完全停滞、下滑，几乎没有一石激起千层浪的创作，这或许很让他苦恼。当才华燃尽爱凋零，风头正盛也终将转眼成空。命运千回百转，只要曾经互相拥有，对他来说，就是今生最美的爱情了吧。

愿你我没有白白受苦

经历当爱已成往事的人，不只是李宗盛和林忆莲，也包括他的前妻——朱卫茵。

同林忆莲一样，朱卫茵也曾是香港DJ，她17岁就考上了香港电台的主持人。20世纪80年代初，香港广播界是叱咤风云的行业，那时粤语歌曲风靡一时，而广播界则能起到推波助澜、点石成金的作用。每当有歌手发新片，电台DJ的播歌次数直接影响着歌手的走红程度。因此，为了搞好宣传，各大唱片公司都派专门宣传人员驻扎电台，想尽办法与DJ搞好关系，用人情影响DJ播歌，更有甚者，会守在直播间外，等DJ下班后，便拉着他们一起吃夜宵。

朱卫茵所在的商业电台是各大唱片公司的必争之地，当时包括香港亚视、无线电视、香港电台、商业电台、佳艺电视在内，所有的公司都将地址迁到广播道，位于半山的广播道，从此被称为“五台山”，这里的名人明星风起云涌。

当时，朱卫茵过得可以说是神仙一般逍遥自在的日子，她在“粤来粤爱”电台播出《因为卫茵》节目，每周二、四、六主持，经常播放大量粤语老歌，影响力非常大。当时开播记者会上，香港乐坛“德高望重”的大人物谭咏麟就通过屏幕送上祝福，他说：“我还记得你呀——朱卫茵！”

源于热爱音乐的缘故，朱卫茵的好友歌手苏芮将她与李宗盛介绍认识。那时候的李宗盛是中国台湾地区有名的音乐才子，但还没被封为“音乐教父”，相识之初，李宗盛老实厚道的形象给朱卫茵留下了很好的印象。但两人第一次见面对话显得有点滑稽，他问她：“你会打台湾麻将吗？”这丝毫不浪漫的开场白让朱卫茵有点扫兴，好在好友苏芮及时救场，之后他们去跳舞，在舞步中他们的缘分降临了。

由于两人一个在台湾、一个在香港，只能靠长途电话维持感情，打了两年长途电话后，有一天，朱卫茵忍不住对李宗盛说：“我的电话费都要用光了，我们现在有两个选择，要么结婚，要么分手……”于是，李宗盛义无反顾地迎娶了她。

结婚后，朱卫茵夫唱妇随，辞职来到台湾，成了“大哥”的女人。她不会讲闽南语，常常闹出很多笑话，感到手足无措，不过起初的婚姻还是甜蜜的，两人先后生有两个女儿——李安儿、李纯儿，一家人还算和美、幸福。

对于李宗盛，她无疑是付出更多的那一个。可一味付出，不懂让对方明白自己所期待的是什么时，两人之间的交流就会出现问题。随着时间的流逝，两人渐渐感到沟通困难。她有抱怨，他有无奈，婚姻最终成了一潭死水。

直到林忆莲的出现，李宗盛的爱情才再次被点燃，对这段心灰意冷不再抱有希望的婚姻，他主动选择了放手。外界传言林忆莲插足导致他们婚姻破裂，李宗盛用实际行动呵护他们的爱情，而朱卫茵则只字不提林忆莲，从始至终，都没有指责过她。她说：“离婚应该是两个人各打五十大板，我以前真的不是很成熟的老婆。”对于林忆莲，她也没有恨，她说：“我并不怪她！”

不仅如此，离婚后，朱卫茵还与李宗盛继续保持良好的朋友关系，她时常叮嘱两个女儿要多多照顾爸爸，对于李宗盛的演唱会，只要有时间，她一定会去捧场，并送上花篮。面对媒体，她大大方方地说：“我是他的最大粉丝！”

感情逝去，如果当事人只铭记后来的惨烈，而忘却先前的美好与浪漫，那也是挺可悲的。幸福的人懂得回忆与珍藏，那些似水流年的美好，能让自己更加包容、从容，从中去吸取经验，总结教训，从而提升自己。

1997年也是朱卫茵人生最不幸的一年，这一年，她先后经历了丧父、丧母、失婚、患有不得不去治疗的重症情绪病，曾经在香港特区“五台山”工作时，她怎么也想不明白，为什么居住在那里的著名影星翁美玲会如此想不开而自杀，那一刻，她完全懂了！

没人知道一个弱女子是怎样在漆黑的深夜里独自承受那些接二连三的打击的，似乎每一个打击，都拥有足够击垮人的能力，而这么多打击接踵而来，要做到不受消极影响，该需要多大的勇气！

李宗盛像一个魔咒一样闪闪发光，朱卫茵知道她是躲不掉的。即使不再相处，可他的名字依然会传遍大街小巷，无处不在。“李宗盛的前妻”的称谓，像鲜花和掌声一样，给她带来不切实际的荣誉，可这些虚无缥缈的东西，本质上却帮不到她。她很清楚这一点，因此，置之死地而后生的她，突破阴霾，以决绝超脱的姿态走了出来。

离婚后，无论在何时面对媒体提问，朱卫茵都能做到微笑幽默地调侃。记者会上，她把“背叛”这个沉重的字眼当笑话一样说得轻轻松松：“记得当年在商台做节目，有出租车司机非常迷恋我，每天都来接我下班。有一次，我故意不坐他的车，没想到这位司机发狂了，他冲过来大叫‘你为什么不上我的车？’他感觉受到背叛，说到背叛，我是很熟悉的……”台下的人顿时哄堂大笑。

有次录影时，在节目中看见李宗盛的照片，她大声惊呼：“他是谁？怎么那么丑还放在这里？”她用幽默化解了一次次尴尬。

知道李宗盛与林忆莲分手后，她打了电话安慰，希望他能打消单身念头，找个很好的女子陪着他。

不埋怨是一种素养，懂感恩是一种精神，能在挫折中活得出彩的人，才令人动容、尊重。这样优雅大方、得体又豁达的前妻，李宗盛是深深愧疚、欣赏，以及感激的。

毋庸置疑，他肯定深爱过她，不然不会在自己最红的时候迎娶她，可他后来也的确又爱上了别人，因为谁都不能保证自己这一生，真爱只发生那么一次。

“有人问我你究竟是哪里好，这么多年我还忘不了，春风再美也比不上你的笑”，他抵挡不了林忆莲的笑，就像朱卫茵抵挡不了对他的眷恋。在歌迷的心目中，朱卫茵爱李宗盛，而李宗盛更爱林忆莲。

离婚两年后，朱卫茵出书《爱谁都可以，要先爱自己》，李宗盛特意为她的书写序。李宗盛是这样写的：“这本书里的ROSITA（朱卫茵），是我认识她的时候，她还没发展出来的部分……”后来，他在她的另一本书《真爱不死》的序中写道：“与其做无味夫妻，不如成交心朋友。”

曾经在婚姻中触礁的两个人，分手后却成了互相欣赏的朋友。或许，这也是一种幸福吧。

仔细回味，1988年他们结婚，次年李宗盛的歌曲《我的未来·我的家·我的妻》中，他是这么写的：“她自从结婚以后，每天都在问我，哪时候回去……”一个忙于事业的男人，通过歌词隐隐约约透着些许无奈。事业型的男人，内心深处最渴望妻子的包容、理解与支持，而作为妻子的朱卫茵，则每天想要一个经常陪在自己身边的男人。这种感情与生活上的不协调，早已为两人分手埋下了伏笔。

《领悟》这首歌，也是李宗盛写给朱卫茵的，这是他们之间感情的写照，他用这首歌，寄托了他们之间最深沉的默契：

“我以为我会哭，但是我没有，我只是怔怔望着你的脚步，给你我最后的祝福，这何尝不是一种领悟。让我把自己看清楚，虽然那无爱的痛苦，将日日夜夜，在我灵魂最深处。我以为我会报复，但是我没有。当我看到我深爱过的男人，竟然像孩子一样无助，这何尝不是一种领悟……”

夫妻若没有爱没有恨没有争吵，只剩下割舍不掉的亲情和沉默的话，分开未必不是解脱痛苦。

后来，朱卫茵在接受采访时说，“之前人家都叫我李太太，大哥的女人，但这几年，我真的开心，我重新做回了自己”，她发自肺腑地重新体验了生命的轻松。

对于婚姻，李宗盛想表达给我们的，大概就是这样一层意思：爱一个人，把他当作生命的全部，全心全意地付出，想要一起并肩创造美好未来的时候，有时你会猛然发现，他可能并不爱你，也看不见你一路为他所做的努力，既然这样，还不如果断地放手，学会在爱过中得到满足，学会勇敢地做回自己，不要让心痛苦，你才能再次寻找到适合自己的幸福。

十五年过去了，如今，林忆莲找到了她的恭硕良，朱卫茵也找到了她的邓煌，而李宗盛的人生际遇大概还没到，他带着与朱卫茵所生的两个女儿一起生活在北京，闲暇时光做饭、谱曲、制作一把木吉他，这种平淡简单的生活，成了他六十岁的日常。或许他还在等，等世上那唯一契合的灵魂。

洗尽铅华呈素姿

2004年刚离婚没多久，李宗盛接受陈鲁豫的采访。她问他："四十多岁重新开始经历一个人的生活，害怕吗？"他很诚恳地回答："我觉得对男人来说特别是这样的，最大的要害就是再也受不了寂寞。将来可能会有很长的一段时间是这种状态，我现在在练习不让寂寞变成致命伤。"

他的好友王伟忠也说："伤心是肯定的，颓靡也是肯定的，对他来说，毕竟年近半百，妻离子散！"有很长一段时间，他写不出东西来，仿佛曾经那些源源不断的创作灵感一下子停滞了、搁浅了，就像是一条浮上岸来的鱼，几乎没有了生命力，连动一下都不想。往往是公司里新唱片的音乐部分已经准备好，而他的歌词却迟迟写不出。他怕露出马脚，他怕别人知道，因为他的歌词总是带着自己的心境和故事。

为了掩饰悲伤，他只能选择沉默。他在无人的房间里沉思，有些孤独，有些寥落，孤单地驻守自己的安宁。

大概是为了摆脱这种落寞，李宗盛一心制琴，渐渐成为一个吉他手工制作者，鲜少有新作面世。由于自己亲自做，要用砂纸打磨琴身，他的手指长满了老茧，磨掉一层，再长一层，再磨，再长，一直到验不出指纹的地步。那些厚厚的老茧，就像年少时他扛的那些瓦斯罐，总是提醒他，在他不断追逐的岁月中，似乎丢掉了什么东西，想忘记却又怎么也无法做到。

“我终于失去了你，在拥挤的人群中”，他一直在追寻，却也一直在失去。原来，身份的蜕变，看上去十分简单，其实背后却隐藏着许多别人看不懂、看不到的东西。沉寂的过程，也是一个人挖掘自己的过程，在沉淀中，慢慢地，我们学会了质朴、至简、纯真和超脱。谁又能说，这不是一种幸运呢？

接受许戈辉采访时，他说：“我还想写一首歌，叫作《我不是你的避风港》，女人动不动就说，想找一个肩膀，一个港湾停泊，我觉得这都不靠谱，男的比你还瞎，比你还怕呢！”

这话出自金牌制作人之口，我们看到了过尽千帆的脆弱。曾经光彩耀人的音乐教父，如今也敢于示弱。回归单身之后，他只写过两首歌，2010年的《给自己的歌》，以及2013年的《山丘》。

他在《给自己的歌》中这么写：“爱恋不过是一场高烧，思念是紧跟着的好不了的咳，是不能原谅，却无法阻挡。恨意在夜里翻墙，是空空荡荡，却嗡嗡作响。谁在你心里放冷枪，旧爱的誓言像极了一个巴掌，每当你记起一句，就挨一个耳光。然后好几年，都闻不得闻不得女人香……”

近十年来，他真的“闻不得女人香”，他把情债统统收藏起来，理一理，想弄清楚一些原委，他要知道那些岁月在他身上究竟留下了什么。让他忘掉，他做不到。可让他重新起航，似乎又太难太难。他成了一个跟自己较劲又对自己十分寡情的人。

年少不听李宗盛，听懂已是不惑年。即使未到不惑年，也已沧桑尽染身。喜欢李宗盛的人，多半是有经历的中年人，那些还处于迷惑、拼搏和上升阶段的年轻人，是不能够理解和欣赏这样一种“大叔”的沧桑的。可等忽然有一天听懂了他的歌词，却发现一发而不可收，再也无法忘记。这就是李宗盛带给我们的魅力！

制琴之余，他把精力还投入到厨艺上，他会在半夜三更爬起来，钻进厨房，做饭做到凌晨三四点，弄得整个楼道都是烟味，于是他把家改得比较宽敞，厨房大概有半个游泳池那么大。

对他来说，做饭就像做音乐一样，火候、时间、顺序的问题，都要牢牢掌握，这是一个看似轻松却十分耐磨的过程，一不小心，一个小时就过去了。从前的他对这些可能不屑一顾，根本腾不出时间来摆弄，但现在，这些对他来讲却十分重要，他感到有意思多了，这也是他的一种精神追求。

两个女儿跟着他在北京念书的时候，他会亲自做饭给她们吃，把做好的盒饭交给司机，准时在中午十一点多抵达学校，而这些盒饭，都是前一夜他亲自烹饪的，次日十点半起来，他再热一下，炒一下，保证孩子吃得香。给孩子做饭，成了他生活必备的一道程序，也是一种乐趣，他渐渐沉浸在平凡而忙碌的生活之中。

2012年，美食节目《顶级厨房》邀请他做评委，接受采访时，李宗盛说："五十几岁的人了，很可能不会再有咸鱼翻身的机会了，做人要开始接受现实，面对父母的衰老，甚至面对腐败和死亡的味道，这就是人生。我很想和同龄人讨论这样的问题，这个问题对有的人来说可能是残酷的，但真实地面对它，同样对有的人来说是温暖而动人的。"

他一直在跟自己探讨，人生、岁月、年纪、动力、音乐、衰老、生命，甚至开始计算自己余下的岁月，往后还能再做些什么。然而所有这些，却又都不是消极的，他并不颓废，更不萎靡，他整个人充满动力，他坦荡、真诚，都是他想传递给人们的。特别是同龄人，那些被流行音乐遗弃的人，"不管你事业有成无成，结过几次婚，离过几次婚，我们生活当中，总有一些事情，你要记得，‘小李是你哥们儿’”。

乐评人李皖说：“李宗盛是个情种，只有这样的情种，才分外讨人欢喜。当他用情极深时，那情意的缠绵之中，往往又有一种敞亮的东西，闪出光泽，并非一味让人沉陷。在情爱中，虽然他不是智者，但聪明总现着几分，最终不失梦醒的判断和跳脱。”

有情有义的人才写得出“你我都是哥们”的歌曲，他不虚空，更不凌驾于我们之上，他将自己的人生体验，用文字的形式缓缓地倾诉，让我们从中咀嚼出别样的味道，让我们无论在欢喜还是失落、挫败抑或迷惘时，听一听他的歌，都能像找到知音一样兴奋，这就是他追求的，他认为的成功。他说：“人生有两个真，有些事一定要当真，有些事千万别当真！”

56岁时，李宗盛潜心创作了一曲登峰造极的好歌《山丘》，这首歌一经面世，就获得了年度最佳歌曲、最佳词人两项大奖，被评为中国台湾地区最具标杆意义的金曲。向来苛刻的乐评人，纷纷竖起大拇指，“山丘写出了每个人心里深藏甚至尚未被发现的部分，一举击中人心”。

“也许我们从未成熟，还没能晓得，就快要老了，尽管心里活着的还是那个年轻人，因为不安而频频回首，无知地索求，羞耻于求救，不知疲倦地翻越每一个山丘。越过山丘，虽然已白了头，喋喋不休，时不我予的哀愁，还未如愿见着不朽，就把自己先搞丢。越过山丘，才发现无人等候，喋喋不休，再也唤不回温柔。……”

他在《山丘》中描述出一个想要拼命攀登顶峰的人，沿途为了梦想不断地向前奔跑，至于一路丢失了多少，从不在意。可等到终于爬上山顶，却发现山外有山，四周皆空，那些轻易失去的东西，却再也找不回来了。

先哲说："三十而立，四十而不惑，五十而知天命，六十而耳顺，七十而从心所欲，不逾矩。"先哲的话或许已经不再适用于我们这个"成名一定要趁早"的时代，在挤往成功的路上，无数人奋不顾身，甚至不惜一切手段，道德、良知放一边儿，自尊、底线无下限，哪一个年龄段的人们不是面临着内心的彷徨与忧郁？大浪淘沙，谁都不愿被淹没。再回首时，又有几人可以大言不惭地说一句"我一直拥有完整而不被生活摧残的灵魂"？

李宗盛无疑是慈悲的，你所经历的以及没有经历过的，他统统已经历，他一直站在凡人的角度与你探索，他理解并包容你的一切，痛苦或快乐，失败或成功，他作为一位过来人告诉你，千万不要"越过山丘，却发现无人等候"，有些东西还是要且行且珍惜的。

2017年，年满六十的李宗盛，越来越喜欢自称"小李"，你奇怪他这样的称呼吗？可是喜欢他的人，却懂了！

2018年3月2日五月天巴黎的演唱会上，李宗盛作为嘉宾出席，满头白发的他自称"小李"，他微笑着对台下的许多观众说："谢谢你们，年轻人，你知道我有多羡慕你们吗？"

在喧嚣的人群中，我们寻到了那一双温柔的眼眸，那是历经沧桑后的豁达，是"谦谦君子，温润如玉"，也是"百转千回，不改初心"。

Chapter 2 和自己赛跑的人

所有人都以为你不会有出息，可你却从未自暴自弃，不愿做人生的失败者（loser），因为你手中还有一把木吉他。

人生没有白走的路，每一步都算数

不管你认不认可，这是一个挺浮躁的时代，经济的飞速发展，生活节奏的不断加快，人们的压力与日俱增，对物质和金钱的欲望也越来越强烈，一些人无底线的钻营、无节操的炒作，传播一些颠倒是非的价值观，都使得我们当中的许多人，在困惑中慌乱而不停地挣扎。有些人在这个过程中，逐渐迷失了自我。在被生活压得喘不过气来的时刻，人生的每一步选择，有时候不仅意味着生存质量的高与低，更意味着对自我的忠贞程度的坚守与否。

能不为外界所惑，坚守内心所认定的东西，脚踏实地地去付出，在喧嚣的世界中保持一份淡定，不为暂时的成败所影响，朝着自己努力的方向，不急不躁，一步一个脚印地去前行，这需要我们拥有一份匠人的精神。

匠人的精神，用李宗盛的话讲，叫作“匠心”。“匠心”，本意是能工巧匠的心思，常被用来指文学艺术方面创造性构思。例如，出自唐朝文人王士源《<孟浩然集>序》“文不按古，匠心独妙”句中，在这里“匠心”就是指的后面意思。李宗盛将其推崇为一种精神，是对传统手艺人认真专注对待工作的精神的致敬，为了对抗现在浮躁的人心。他有一部跨界广告《致匠心》，广受欢迎，里面所讲的就是这样的意思。

李宗盛二十岁出头入行，至今六十多岁，这么多年来，他创作的歌曲逾三百首，算是量少的，可几乎每一首歌，却又都传为经典，他的成功，靠的就是这一份“匠心”。

回顾前半生，李宗盛从二十几岁的毛头小子，到如今白发苍苍的沧桑大叔，他的生命是辉煌灿烂以及平淡安稳的结合体，生命走过大半，他身边的人来了又走了，留下来的没有几个。幸运的是，他从未改变初心，透过歌曲，他诚挚地向人们表达自己内心的感受、对生命的理解、他眼中所看到的世界、他的人生和他的故事。

作为音乐制作人，李宗盛最珍惜和在意的是他的作品，因为，他的作品就是他自己。他说，“人要有情怀，有信念，有态度，没有理所当然，就是要在各种变数中，仍然做到最好。世界再嘈杂，匠人的内心必须是安静安定的，面对大自然赠予的素材，我得先成就它，它才能有可能成就我。”

他从著名音乐人，跨界到琴师，他遍访世界各地顶级制琴师，潜心学习、钻研每一道制作程序。作为手艺人，他亲自制作吉他，保持一个月内只有几把的低效率，他用善意和执念推动着自己往前。

听从内心的安排，立志打造出华人第一品牌的手工吉他“李吉他”，在这个崇尚快餐式消费的社会，显得如此格格不入，但他这种专注做点东西、缓慢而优雅的姿态，却又如此令人沉迷。

“人生有很多事都是急不得的，你得等它自己熟”，从创作，到手工制作，李宗盛一直耐着性子，执念力求完美，他的内心强大而平和，不断追寻生命的舒适感。他就像潜伏在我们身边，年复一年，安安稳稳、踏踏实实做事的那一类人，他们不张狂、不高调、不炫耀，却能很轻易地鼓舞和激动人心，因为无论时光怎样打磨，他们始终能保持最本色的气场。

当任何一件作品，被人赋予了灵魂，精心打磨的它都将变成一件近乎完美的制作，毕竟用心良苦的，才是最有诚意的。

有人质疑，李宗盛并非娱乐圈里的明星，或许更年轻一点的人对他并不感兴趣。但“一蓑烟雨任平生”的沧桑大叔，却用淡定与执着深深感染了每一个不同年龄层次的人，就像他的歌一样，也许70后欣赏的是《山丘》，80后欣赏《凡人歌》，而90和00后则欣赏《十七岁女生的温柔》，总之，总会有那么一个瞬间他突然就会打动你，这也正是一个有故事的老男人的巨大魅力。

岁月可以带走青春，但也可以让人跳脱世故，从追名逐利中回归朴实无华。一辈子，我们总要保留一份最珍贵、最引以为傲的东西，因为人之所以变得优秀，就在于能够保持自省、领悟、磨砺和专注。

无论是歌曲也好，广告也好，只要是直抵内心的投射，就是成功而动人的。

三十五岁，李宗盛离开台北前往温哥华，他并不希冀在那里蓬勃发展，只是在“湿润、漆黑、满地残枝落叶的林子里行走”，然而这种流连于树林中的行走，却一下子惊醒了他心底的念头，让他决定了后半生的追求。“二十年前，它教我训我，要我知道自己的渺小，要谦卑、安定；二十年后，它依我信我，任我剪裁切削，重新安置，即使后来身在琴房，也一样能想到林子中那个自己。树与人，两个生命重新展开。”

在香港，这座城市的快节奏，刀光剑影，让人更自重于感情的珍贵，因为一个不小心，它就会变成浮光掠影。这里也有他曾深爱过的女人、那不忍回眸的过去、中年的迷惑和不可逆转的青春。

在东京，他住在局促的小旅店，彻夜失眠，捉襟见肘，迟迟等不来灵感，却还是要做最后的拼搏，而后写下了那几首脍炙人口的歌：《领悟》《寂寞的恋人啊》《漂洋过海来看你》。

东京无疑是李宗盛人生中的一段迷途，他曾落魄于此，也自我怀疑和迷惘，甚至误以为自己江郎才尽，可在担忧之余遇到一位老刀匠，在对方眼里他只是一个制琴师，这样的“相知”让他明白手艺人的身份并不能夹杂着浮躁，也让他思考人生需要淡定和从容。“时至今日，每次我搭车来取刀，走在当年走过的路上，恍若新生”，他在这里找到了自己。

吉隆坡，是分公司最遥远的一站，但却是华人聚集的最大地区。海南人、广东人、闽南人等，使得他总错觉自己奔赴在故乡的大道上，他的歌也在这里迷倒了众生。他说，这是他的第二故乡。

他对南洋华人拥有更多的恻隐之心，看到年轻的同行，总会滋生敬佩之心，好小子，十年前街边擦肩而过，十年后，你成了我的同行，恭喜恭喜！即使自己曾历经波折，却依然能为那像极了曾经自己的他人而呐喊助威。

而台北，则是个神奇无比的故乡，无论他走得多远，只要回来，它总能自动帮他连上曾经所有的记忆，即使只是一个匆忙而过的瞬间。茶仍有余温，人依然多情。这里是他迈开事业脚步的起点，无论他离开有多久，总有一天，他还是会回来。而在这里，他的创作似乎也从未失过手，他骄傲自己曾离家出走，带着满腹志向，之后又裹挟着复杂满载而归，这里就是他停泊的港湾，是时过境迁的张望，是年轻稚气的笑脸，也是铩羽而归的豁达。

五座城市，五段光阴故事，高度概括了一个人从初出茅庐、斗志满满，到被现实无情打击，一度怀疑甚至愤恨自己，再到选择隐匿、逃离，与自然对话，探寻本真和自我，选择原谅自己，鼓励自己要走下去，然后果敢坚强，直面现实，即使只是独守在一间小铺，也能躲在角落里耐心独自打磨，静待令人惊鸿一瞥的那一刻，最后将自我与世界相连接，既怀念从前的自己，也为现在的他人摇旗呐喊。

原来，经历的每一步，都是一个个坚实的脚印，都在成就后来的自己，都使胸怀变得更开阔、更辽远。

因此，李宗盛说："人生没有白走的路，每一步都算数。今夕何夕，君已陌路；此情此地，山高几重？错失的爱情像风，吹来的时候很猛，吹走的时候很痛；流逝的光阴如梦，入睡的时候很甜，醒来的时候很空。"

在他的娓娓叙述中，我们感受到了不忘初衷的坚定的理想主义，这是一种情怀，它成功诠释了每一个人生命的真谛，它钻进了每一个奋斗者的骨髓里。

生活的压力和生命的尊严哪一个更重要

“生活的压力和生命的尊严哪一个更重要？”这是一个老生常谈的话题，这句话源于李宗盛为赵传所写的那首歌《我是一只小小鸟》。

“世界是如此的小，我们注定无处可逃，当我尝尽人情冷暖，当你决定为了你的理想燃烧，生活的压力和生命的尊严，哪一个重要？”

古有“宁死不食嗟来之食”的人，也有奉守“先生存，然后再谈尊严”的人。举个很简单的例子，故事发生在2008年金融危机来临的两个月后，接受采访的男主人公是一家500强企业的员工，他叙述说，在当时的大环境下，几乎所有公司都在疯狂裁人，而当时他们的公司还没走到这一步。但公司里几乎所有人都惶惶不可终日，每个人都在担心公司明年是不是也会裁人、减薪，或者自己还能不能顺利升职？无论是公司领导，还是员工，他们每天见面时依然会微笑着问好，可是内心却纠结万分、担忧不已，在转过身的同时，每个人脸上都蒙上了一层厚厚的阴云，就好像是浓重的雾气还没有散开时的天空。

男主人公回到家，老婆对他说，她的旧靴子坏了，需要买一双新的；家里的物业费，明天该交了；孩子的营养也要跟得上，明年读小学，该选择哪所学校；等等。一刹那，他身为500强企业员工的那份自豪感顿时消失殆尽，取而代之的是眼前一片模糊。“啊！”他长叹一声，脑海里突然想起李宗盛的那句歌词：“生活的压力和生命的尊严，哪一个重要？”

在那一刻，他想也不想，心中就有了答案：当然是生活的压力！

不可否认，这个时代，几乎我们每一个人肩上都背负着不同程度的压力，它们也许是关乎自身命运的，也许是有关整个家庭老小的，也许是有关梦想的，无论种类有多么繁多，压力的程度可以说没什么轻重之分。

时代不同，生活的压力和生命的尊严哪个更重要，趋向性已日益明显。

这个社会，让很多人变得越来越现实。为了生存，不得不放弃那可怜的一丁点儿的尊严，因为没有了生存之根本，能否活下去都是个问题，还谈什么尊严啊。

可往往丧失了尊严的生存，又都不是惬意而美满的，正如许多人一边抱怨着工作辛苦，惨无人道，甚至忍受着非人的折磨，一边却又咬紧牙关地承受，不到万不得已绝不反抗。即使反抗，也只是做做样子。这样的生活，在夜深人静时反思，简直是糟糕透顶！

有些人只要能生存下来，那些所谓的尊严，都可以先舍弃，人活着的根本，就是为那一碗米和一块肉而已。在《拍案惊奇》中，总结出的一个社会通则是“那富的人，怕的是见官”。在《隋唐演义》中也有“穷不与富斗，富不与官斗”的说法。这样的社会通则讲的是：有时候，人就得委曲求全，石头大了绕着走，先求生存，再求尊严。

假如仅仅只为了生存，却把尊严丢在一边儿的话，某种程度上来说，不也就等于降低了自己的生存质量？

人没了尊严，活着还有什么意义呢？臧克家说：“有的人死了，他还活着；有的人活着，他已经死了。”

也许在李宗盛内心中，也曾拷问过自己这个问题，当他倍感困扰，灵感暂时处于休眠状态、事业停缓时，他也曾停下来问一问自己，音乐可以养活自己一辈子吗？假设不能的话，或者说，假如有一天，他成了流行音乐圈里那个不再流行的“小李”时，人生给予他的还能是什么？他的自尊还要到哪里去寻找？因此，他后来找到了另一个自己：制作“李吉他”的手艺人。

每一个人的一生中都会遇到迷惘，因此而陷入深思，没有谁的人生是绝对一帆风顺的。李宗盛自己写歌、谱曲，精益求精，尊重内心，深入生活，同时还要让自己与时俱进，不至于落伍，并且被公司认可，融入社会潮流，这本身就是一个“生活的压力和生命的尊严哪一个更重要”的问题。后来，合约期满，他主动选择离开了滚石唱片公司。

村上春树曾说过：“尽管眼下十分困难，可日后这段经历说不定会开花结果。”这句话好像天生就是用来形容李宗盛这种人的，因为他真的不是白过日子的那种人。

对于一个把尊严看得比生存更重要一点的人来说，坚持写好歌，尊重内心，才是更有意义的一件事。离开老东家固然会感伤，兴许还夹杂着无奈，但经典的作品却不会被埋没，它仍然是永恒的，也仍然能够为永恒而创作，这才是创作人的最大价值。如果为了跟风而迷失自我，那么，对李宗盛来说，是绝对做不来的。

实际上，克服心魔，往往比更好的生存更困难，这不是每一位音乐人都能做得到的。在当今的乐坛上，近年来涌现出大批选秀音乐节目，不可否认的是，这些当红节目是让一些寂寂无名或者小有名气的歌手迅速翻身、扬名的好机会，能提升每一位歌手的商业价值。

但是，当搞音乐的人都去做导师，都去迎合节目时，音乐本身便失去了意义。在这种大环境下，不在乎少赚点钱，不在乎沉寂一阵子，耐得住寂寞来潜心创作的人，无疑又少了一批。而这一小批队伍中，李宗盛是佼佼者，他是那个最不爱四处走穴的人，他也极少去担任“导师”，他不是没那个资格，相反，他是对音乐心怀敬畏。

赶潮流的人永不停息，翻滚着奔往前方，生怕被落下。时代的风向也总在不断地变化，可谁又能保证这样的潮流是不是哪天也会变成一种落伍的笑料，就像娱乐圈中常说的“花无百日艳，人无百日红”一样？

对于如何成名，人们总是会想出许多新鲜的方法。一如从前，公司希望打造出一名歌手，他（她）红的时间越长越好。而后来，变成了公司并不希望一个歌手永远红下去，因为沉寂一个，还可以再靠下一个赚钱，公司的财源也就永远不会被切断。对于这样的风向，李宗盛总是显得格格不入，他不认同，也不会因此而改变自己，可谁又能说，他的坚持一定是错的？

但凡重情的，总是让人感动。

有信仰的人总是可贵而独特的，他们独立行走在被人理解与不解之间，他们执拗，他们桀骜，但他们从不嚣张，也不自大，他们对生命早已看了个通透，所以才如此淡定而豁达。

离开台北后，有很长一段时间，李宗盛一人生活在北京，北方寒冷的天气以及偌大城市的街道，他都无法完全适应，他甚至会迷路。陌生的城市容易让人彷徨，陌生的风景又容易引起人感伤，他的心情也曾在忧伤和快乐中交错。就像我们每个人，纠结在生存与尊严之间，总是要在坚持和放弃之间不得已做个选择。

谁都免不了会遭遇那样一种时刻，没有任何缘由，却又忍不住突然想放声大哭，特别特别地想哭，哭过之后，所有这些都变成了成长的轨迹，它是如此的珍贵。

当李宗盛稳稳地坐在那里，轻轻拨弄着吉他，严肃而认真地哼唱着“生活的压力和生命的尊严哪个重要”时，我想，他心里早已有了答案。

失败·理想·成功

李宗盛小时候学习成绩不够好，长相普通，瓦斯店小工，没有女孩喜欢，未来不被看好。这种被人瞧不起的困境，从小时延续到了青春期，他以为自己会成为他爹一样的男人，长大后做个送瓦斯的。

这一辈子，就这样生活？那是一种怎样的清冷？

他的人生经历过两次重大转折，第一次是他高考屡次失败，求学无门，那时，几乎所有人都对他说，“你今后将会成为一个没出息的人”；第二次是他进入滚石唱片公司，成了知名音乐制作人。却在环境发生改变、人人都在谈营销而撇开人文关怀时，他主动选择了离开。在很长的一段时间里，他成了一个事业一度停滞不前的自由人。

“我始终觉得这个行业的意义不在于创造了多少产值，而在于启发了多少心灵和感动。现在每个人都在讲文创产业，你说一滴眼泪值多少钱？一个发自内心的微笑值多少钱？”他很固执，尽管已步入中年。

让人惋惜的是，事业停滞后，他的婚姻也宣告失败。对于一个一举一动都能引起娱乐记者追踪报道的人来说，他在那种氛围下，没有被击垮，仍旧能保持一颗少年屠龙的心，该有多么艰难！

实际上，这世界有多少人，在这样的人生旅途中，不敢直面人生，无力改变现状，让自己变成了一个曾经自己最讨厌的人。

一个人，你不承认自己衰老，不愿意成为一个随波逐流、安于现状且丧失自己的人，谁又能把你怎么样？李宗盛偏要与岁月说不，与自己说不，他选择了去沉淀。他说，“当你的时代已经过去，你要如何证明自己有价值？我做我能做的事，找回音乐人的尊严！”

离开滚石唱片公司后，他转身站在了舞台上，用数场演唱会与众人分享自己的人生：经验与教训、欢喜与悲哀、孤单与落寞、调侃与不屈，他唱着一个人的故事，却让无数人心绪起伏，回想连篇。

听李宗盛歌的人，有时会羡慕那些说他的歌不好听的人。因为听他的歌的人，往往会忍不住流泪。

从瓦斯小工到吉他手，再到音乐制作人，他的人生已发生了变化。成为音乐制作人的他意气风发，那时他还算年轻，拼命写歌，灵感不断。“如果专辑不红，我就要回去扛煤气罐了！”他可不愿意这样！

年少时，他不愿故步自封，敢于挑战困难，可是，人到中年，面对生命中的恐惧，他该如何释放？

人生没有一成不变的面貌，也没有恒定不变的状态，而成熟从来不是畏首畏尾。年过半百后，他对人生有了答案，也不再有什么困扰，他说：“不是什么都怕，而是什么都接受。生命里面所有的未然都是必然。那些让你不知如何面对、不知所措的，其实都是生命中的必然。”

原来，我们谁都逃不过人间沧桑。

李宗盛说，他从小感情迟钝、腼腆害羞、有点点自卑。在《生命中的精灵》这张专辑出版的时候，他写下这么一段话：“不知怎么搞的，心里总有一种，敬告诸亲友我来了的感觉，很有一种非要努力向前，不然就前功尽弃的味道，十足反映了我在刚入这个行业时候的心情，好像有了好的开始，而前途还不是很确定，今后要更加努力，一定要让别人不停地一直不停地看得起！”

这时的他，是初出茅庐的少年，为梦想而打拼，带着些许不自信，同时又坚定不移，立志要做一个一直不停地让别人看得起的人。这样的满腔抱负，跟我们许多年轻人有多大差异？他往内心深处的探索，正好写出了几乎所有人的心声。

谁的青春不曾迷惘过？谁没有在爱与被爱中苦恼过？那些独自一人奔跑在漆黑的夜晚时，流下的泪水，谁没有经历过？同样，青涩的爱情也往往是普遍忧伤的。

那时候他追求过一个暗恋已久的女孩子，“我所有目光的焦点，在你额头的两道弧线，它隐隐约约、它若隐若现，衬托你，衬托你腼腆的容颜”，可苦苦追求，最终仍以失败结束，那时的他，有怨恨、有期待、有深情，也有落寞。

李宗盛在滚石唱片公司的同事中，有个非常要好的朋友叫张培仁，在他失恋落寞的时刻，张培仁常常跑到他家去陪他。李宗盛写完歌，对他说，我唱给你听吧？然后，唱着唱着他哽咽了，唱到动情处潸然泪下，再也无法完整唱下去。

之后遇到林忆莲，分手后他又写道，“想得却得不到，你奈人生何？该舍的舍不得，只顾着跟往事瞎扯，等你发现时光是贼了，它早已偷光你的选择，爱恋不过是一场高烧，思念是紧跟着的好不了的咳，是不能原谅，却无法阻挡，恨意在夜里翻墙，是空空荡荡，却嗡嗡作响，谁在你心里放冷枪，旧爱的誓言像极了一个巴掌，每当你记起一句，就挨一个耳光，然后好几年都闻不得闻不得女人香……”，在演唱会时，他又数度哽咽，场面停滞了好久好久。

在张培仁看来，创作最大的成功，就是要回到创作本身，回来问自己，什么东西最令自己感动？李宗盛的歌，总是先打动了自己，然后才打动了别人，这是他的真情流露。

后来，李宗盛为张培仁也写了一首歌："亲爱的Landy，我的弟弟，你很少赢过别人，但是这一次，你超越自己，虽然在你离开学校的时候，所有人都认为你不会有出息，你却没有因此怨天尤人，自暴自弃……"，两个经历相似的哥们有了一首共同的歌，似乎铆着劲儿，默契十足地为了更好的未来而努力冲刺。

一不小心，这首歌也成了张培仁的人生写照。没多久，祖籍北京的张培仁回到了北京，创办了魔岩文化，点燃了20世纪90年代中国摇滚乐的一把大火。他为唐朝和黑豹出唱片，窦唯、张楚、何勇成了魔岩三杰。魔岩三杰也曾是香港红磡表演的海报封面人物。

后来，张培仁创建魔岩唱片公司，打造出伍佰、张震岳、陈绮贞等知名歌手，他真的成了一个一直在跟自己赛跑的人。而最有意思的是，在这个过程中，有一天，他的朋友们取笑他竟然不会烧烤时，他的抑郁症不治而愈了，他悟出了一个简单无比的道理："其实我什么都不会嘛，别把自己当回事。"

1988年，张培仁也失恋了，三十岁的李宗盛在《和自己赛跑的人》中写道："人有时候需要一点点刺激，最常见的就是你的女友离你而去；人有时候需要一点点打击，你我都曾经不止一次的留级；在那时候，我们身边都有一卡车的难题，不知道成功的意义就在超越自己……"

对李宗盛来讲，他的难题在于他不止一次地认为属于他的时代过去了。可他要放弃吗？不，他选择了偏安一室，以蛰伏的姿态重新探索梦想。"向情爱的挑逗，命运的左右，不自量力地还手，直至死方休……"二十多年过去了，他再次创作出一首与此前意境相同的歌——《山丘》。

当一个人再次与自己重逢，那曾经的苦与乐、爱与恨，又都重新来过。原来，以前的那个小李还是那个小李，他从未改变。

2014年，56岁的李宗盛与歌迷有了一次非常近距离的“亲密接触”，他选择在羊城一个仅容得下数百人的Live House（小型演出场所）中央车站开场，800元一张的门票早就被一扫而空。

那天他情绪高涨，站在舞台中央，他说得最多的一句话是，“每一个梦想都值得被慎重对待，不能轻易开始又轻易放弃，那样，我们的梦想就不贵重了。”

他不时跟歌迷开玩笑，他非常“话痨”地说一些这样的话，“其实我今天比较想讲话多过唱歌”“因为每次唱这些歌的时候，都觉得是‘掠人之美’，本来写给别人的歌，唱红了不是我的功劳，是他们的功劳，所以我今天这些歌拿出来唱，感觉自己像是占了人家便宜”。

尽管他调侃“占了人家便宜”，可他的歌恰恰不都代表他自己吗？由他唱出来，反而更有味道。粗糙沧桑的声音、说与唱的完美结合，不经意间就向我们暴露出一位大叔的独特魅力。他的唱功，很多著名乐评人甚至给打了满分。

马世芳是这么评价李宗盛的：“他对于词曲咬合、对于旋律和语言、对于遣词造句的用心，跟他现在在做手工吉他变成一个手艺人的活，那中间绝对是有共通的精神的。有很多歌只有李宗盛自己能唱，别人唱了就不是那么回事儿。因为只有他自己能够把那种呼吸口气和吐纳掌握到最精致的状态、最准确的状态，你觉得这个歌者真的经历过这些，他也能够用对的口气去唱。流行歌曲有前奏、主歌、副歌、间奏、A段、B段，李宗盛知道这些，但你听了他的歌，你会忘了这些。你听听看，这首歌的歌词，就知道为什么没有人可以翻唱得跟李宗盛一样好。”

这样的评价，可以说是一语中的，李宗盛这个年纪，在经历了这个圈子的百转千回后，在岁月的沉淀中，他的歌已与他的人融为一体。

他用“莫问来时路”作为演唱会主题，他说：“我老是喜欢把旧衣服穿上，身上的这件白衬衫，一穿就是二十年。站在镜子面前看我自己的样子，开始去想我的人生，提醒自己是从哪儿来的。”

《生命中的精灵》正是李宗盛的音乐起点。那个时候他并没有指望它扬名立万、挣钱养家，也不知道自己的人生今后将如何展开，多么像今天我们许多奋斗创业的人，带着一股莫名的自信，积极乐观地冲锋陷阵，就觉得前面全是鲜花和掌声，只要往前冲，即便什么也没有，心情也不会多差。

可当后来慢慢闯出了一片天地时，在不知不觉中，却发现心情早已开始了某种变化。此时的每一次付出和努力，渐渐渴望能得到更多的回报。此时，李宗盛肩上背负的重担越来越大，整个公司的营业额、资金周转以及歌手未来的发展等。他的角色转变成了一个为公司、为别人，全方位操劳的经纪人和管家，这样子的他，是绝不能失误的，压力也可想而知有多么大。

而到了五十岁之后，李宗盛才开始为自己操心，对自己也有了更高的期待。因为这个时候，人生看上去已经定格，不会再有什么输赢。就像我们很多到了退休年纪的工人，只想稳稳当当地安度晚年。

可李宗盛并不服气，对他来说，更好的歌还没来到呢！近十年，他只写了两首歌——《给自己的歌》《山丘》，虽然是一个非常缓慢而产量极少的过程，但在创作上，却又有了质的提高。从前他的歌是写给别人唱的，而现在，他要为自己而唱。

在演唱会现场，李宗盛妙语连珠，过尽千帆的他更加豁达，他用粤语调侃着自己：“我的两任都是香港人”，也调侃别人，“反正你们今天坐旁边的，也不一定是昨天那一个”。

调侃归调侃，一个返璞归真的人、一个有故事的老男人，他对于自己音乐火候的把握，必定是精准无比的。他的歌自带他的独特韵味，就像一壶老酒，越老越香、越醇，也只有他自己唱起来才更动人，哪怕你永远不知道他下一句是浅唱，还是独白。

对于人生，李宗盛说自己贪心，写过歌、唱过歌，靠贪心完成了每个年代音乐人的使命。“小李写歌不见得比现在的小朋友更好，听我的歌的人也一定会越来越少，我的时代要Move on（前行），我也不愿意做一个一直创造神曲的人，即便我还有这个能力。”

岁月的见证下，每个人都将开始看到另一个自己。

从四十岁起，李宗盛摇身一变成了制琴人，“待到百年之后，能把琴做成一个样子，我就太赚了。流行音乐史上，就会有一个叫李宗盛的人，一辈子做成了两件事，多够本！”

然而，制琴对李宗盛来说，又绝不是做生意那么简单，他并不以赚钱为目的，而是带有一种“宝剑赠英雄”的情怀，他希望自己能做出一把令国人感到骄傲的吉他，打造出华人自己的吉他品牌来，这是他最虔诚的梦想，他把这个梦想献给每一个热爱音乐的人。

张艾嘉曾说，“每个人心中都有一首李宗盛”。这个李宗盛，他唱着寂寞难耐，也唱着跟自己赛跑；他认真生活，也跟自我较劲，他在岁月间前行，每一步都走得相当深刻，他力求完美，又多愁善感、侃侃而谈，他把一生信念涓滴汇成河，他是我们所有人一生之中都在努力追寻的那个最真实的自己。无论你的人生际遇如何，总有他的一首歌，能与你对号入座。

既然青春留不住，还是做个大叔好

两鬓、胡须染了零星的白，沧桑的脸上架着一副黑色眼镜，这样的李宗盛还在继续创作，“想说却还没说的，还有很多，攒着是因为想写成歌，让人轻轻地唱着，淡淡地记着，就算终于忘了，也值了”，擅长用故事表达人生态度的他，从未改变过。

只是，当他从幕后走到台前时，唯一不变的是，他依然大受欢迎！

2006年，李宗盛举办《感性与理性》世界巡回演唱会，在台北、北京、上海、香港、深圳等地演出，场场爆满，座无虚席。

阔别六年，一曲《山丘》后，公司借戏做戏，为李宗盛再次举办大型个人演唱会，名字就定为《既然青春留不住》，故意说前半句没说后半句，让人有无限遐想，可以自己去感觉。当时很多人接了下一句，“喜欢女生红短裤”，也是笑侃了。

有记者采访李宗盛，“既然青春留不住，下一句该是什么？”他笑着说，“还是做个大叔好！”

李宗盛把这个演唱会归列为老男人的演唱会，虽然如此，却也盛况空前。

首演在台北小巨蛋体育馆，当时演唱会没做任何宣传造势，但门票却在开票三天内全部告罄，一票难求。圈中很多知名歌手、演员，文化圈、传媒圈大佬纷纷自掏腰包包票，共同前去小巨蛋“朝圣”。值得一提的是，他的前妻朱卫茵低调到场看秀，林忆莲赠上花篮祝贺。两段情，隔了多少年，依然亲如家人！

据传，当时李宗盛最想邀请的演唱会嘉宾是自己的红颜知己陈淑桦，而陈淑桦当时因为母亲病逝患上了抑郁症，拒绝与外界的一切接触。当梁静茹代替她与他合唱完“梦醒时分”时，荧幕上出现了李宗盛写给陈淑桦的信：“淑桦，你还好吗？但愿你已从失去母亲的深切哀伤中平复过来，不管我们乐意不乐意，随着岁月增长，我们都得渐渐地去看见，人生更完整的面貌，我们所有的获得或失去，恐怕都不是生命的本意，反而是经历一切之后，从而发现自己。”

他总是为他人作嫁衣，总是像大哥哥一样关心着每一个与他合作的歌手，总是能推心置腹地宽慰人，用温暖的字眼缓缓地开导人。听这样的演唱会，谁能不动容？谁能不感动？可它的意义还远不止于此。

台湾的两场演唱会结束后，李宗盛身先士卒，将演唱会门票预支收入的一千万，捐给了门诺医院发起的寿丰老人照顾社区护理之家，落实他曾经的“过去他照顾我们，现在换我们照顾他”的理念。

李宗盛的行动，俨然给娱乐圈起到了引领风气的作用。

2015年上海、北京演唱会，许多人赶着夜晚的地铁，拥挤着去买一张李宗盛的演唱会门票。热情高涨的歌迷队伍中有人笑着调侃，连大爷大妈们都亲自上阵了，中国老龄化程度是有多么严重！而被夹在一堆老年人中间的一群90后表示不服，他们在现场同样高兴着呢，李宗盛每首歌唱完，他们的掌声如潮，让他连说话的间隙都没有。

喜欢他的人，何止中年人、老年人？他属于每一个有故事的人。

李宗盛在开场时说：“这么多人，……挺傻的，这些歌都已经听了一辈子了……原来就是你们这些人喜欢我啊……”仿佛触摸留恋都是不对的，可是那份动情，却又在岁月里不停地游荡，听着的观众个个双目泛泪。

有的音乐专辑，也许主打歌就那么几个，而李宗盛的歌曲，几乎个个都是主打歌。亲临过他的演唱会现场的人，都忍不住疯狂，每一首歌，每一个人都在跟着他大合唱，“那种场面，就像是一个老疯子领着一群小疯子在发疯，可大家都如此心甘情愿”。

李宗盛在演唱会上时常妙语连珠，情感抒发恰到好处，言谈之间尽显潇洒，很难让人停下来，时光不知不觉就会在热潮中过去。当唱到《和自己赛跑的人》时，他站在台上大声地喊：“Landy，你这个孙子！”；唱到《寂寞难耐》“四十岁马上过去了”时，他说，“六十岁马上就要到来”；唱到《爱的代价》时，他说，“只要是真心的，时间就会告诉你，每一次爱的代价，都值”；唱到《没有人知道》中“我是不是要注定孤独，去面对以后漫长的路，陪伴痛苦寂寞无助，我多么希望回到最初，走我自己该走的路，迎向未来不怕输”，他说，“我想把它献给这个时代更加不容易的年轻人，迷惘就是年轻人的专利，好好利用它！”……

李宗盛的演唱会从不故弄玄虚，不关注舞台有多炫，不关注嘉宾都是谁，甚至能让人沉醉其中，忘了演唱会已进行到多久，相反的是，嬉笑之间皆是温度，近六十岁的人了，他已看淡了许多，也释然了许多，他想说的，想告诉给歌迷的，统统都写在了歌词里。

而不同年龄段的歌迷，也能从不同的歌曲中，找到最适合自己的那一首，也许是忽然伤感了、触动了、呆住了、落泪了；也许是结了的疤早已愈合了，那层盔甲早已不再坚硬，已被柔软取代；也许是内心封藏已久的东西忽然被人撬开了，和他人共鸣了，有什么东西从胸膛呼之欲出，激动不已；也许很酸涩，但更多的还是甜蜜，因为能来听他的歌的人，早已沉浸在感动中。

这是李宗盛的魅力。早些年，在李宗盛、周华健“二人转”时，他还在学习周华健掌控舞台的能力，如今，他已挥洒自如，他只做最自然的那个自己，就已经足够。“我就是想出来看看，听我的歌的都是哪些人。”只要歌还在唱，“我一定不会让你觉得闷！”他说的这两句话就是证明。

曾经几时，“致青春”流行，很多人集体在追忆似水年华，默契十足地回忆芳华，而意识到岁月早已在手指间不知不觉溜走时，有不少人开始不约而同怀念起李宗盛这个名字。

他和他的歌一直在陪伴着我们，一路走来，哪一个人没被他的某一句歌词打动过？于是演唱会与其说在听歌，不如说是在同他叙旧，是在同一个老友分享彼此的心得体会，然后共同笑着骂着唱着落着泪地面对着。

在杭州的演唱会上，对于谁也逃不过的青春话题，李宗盛对观众敞开心扉，他说：“有一天，我坐在浴缸里，突然看到自己手上的老年斑，然后你想到你的父母一天一天地老去，看着他们变得无力，变得跟小孩一样……我想要唱的是这些，去回味人生的真相。”

他愿意与歌迷说话，说一些发自肺腑的真心话。每一场演唱会前，他都会说同样几句话：“作为一名音乐人，很开心我写的东西能感动你，谢谢大家喜欢我写的歌，从小李的青春年少，听到我的两鬓斑白，所以，我肯定还有更珍贵的东西与你们分享，无以为谢，唯有写歌，给在乎自己的人和自己在乎的人听。”

当他选择在歌迷面前做个透明而诚恳的音乐人时，歌迷是情不自禁心疼着他。遥想当年，唱《当爱已成往事》时，他说："我觉得创作人的最大的幸福，就是能把自己创作的歌，交给真正能诠释得很好的人，不仅他们等，其实我也在等。"后来林忆莲来了，他等到了要等的那个人。他又很坦诚地说："像林忆莲这样的女人，听她的声音就足以爱上她！"后来的故事，为她，他受尽冷风吹，还有后来那句像极了自我咒骂的话："活该应了谁说过的不知检点，总之那几年，感性赢了理性那一面。"

演唱会上，他沉闷了一下，略有些哽咽地说："严格说来，我并不很喜欢上海这座城市，因为在这里我失去了一大块东西，有很长一段时间，我都在努力和这座城市和解。"

简练的语言，多少往事在他五味杂陈的人生里发酵。而台下听歌的人，脑海里触动的是，某些相似的经历，让其中的一些人隐隐渗出自己的痛。

"红颜难免多情，你竟和我一样"，上海演唱会，唱《最爱》这首歌时，李宗盛难以自制，那个在酒店房间里、厕所里、路上写歌的憨态可掬的大叔，原来他依然是我们心里的那个年轻人！

他还在单身，他大概不喜欢我们再去轻撩他的痛，他在《因为单身的缘故》中这么写："我为王在自己的国度，我在专心支解虚无，我把仅存欲望去骨……"他六十了，拂落红尘，单身已过愁肠百结，他已修炼得一身骄傲。

单曲循环纵贯线

2008年刚刚过完年的一天，滚石老板段钟潭，绰号三毛，听说两个老友李宗盛和罗大佑都在，面对难得相聚的一次良机，他立即组织了三个巨蟹座男人的叙旧饭局。三个人都挺能扯，席间，三人扯着扯着，就扯出了一个“世纪大案”——建立一个四人组合乐队，搞个演唱会。

次日一早，三人酒醒过来，没想到都还清晰地记得昨晚的谈话，于是一拍即合，说干就干。三毛当即就联系了周华健，又一通电话拉来了张震岳，四人组合就这样敲定了。

组合的名字最后定为“纵贯线”，是夹杂着多层含义的。起初，他们希望以北起基隆南到高雄的一条铁路线为方向，开启这段音乐之旅，然而令大家始料未及的是，歌迷兴奋不已，反响实在强烈，场场火爆，远远超出原先想象，于是唱片公司临时改变了策略，将原计划的三场演唱会，生生拓展为三十多场的全球巡演。

说起这个组合的名字，四人非常坦白地说出了他们的想法：“我们的初衷是做一张唱片，因为我们对现在的歌坛很不满，我们觉得需要做一些什么，所以便有出唱片的想法。”

不仅如此，李宗盛还有一个挽救好友陈淑桦的想法，当时陈淑桦的母亲已经去世好几年了，性格内向孤僻的她深受打击，患上了抑郁症，一直无法从悲伤的阴影中走出来，处于完全退出娱乐圈的状态。李宗盛得知她每天把自己关在房间里，除了吃饭根本不出来，非常担心她。为了拯救自闭的陈淑桦，他们决定把乐队搞好，感动她，然后再拉她进来，这样，也许就能帮她走出抑郁的大门。

除此之外，纵贯线还有其他深层的含义，诸如“一群人一起无止境地追求”“创作是一条看不到头的铁轨”“每个人生命中都上下过数不清的月台”“纵横贯穿华语乐坛盛世”等意蕴，彰显出一群老男人力求在音乐上求新、求变、坚持原创和音乐精神的信仰。

当时他们四个人的年纪相加是一百九十岁，出道时间相加八十六年，创作歌曲超过六百多首，发行过七十多张专辑，简直是可以堪称廉颇未老的传奇组合。

纵贯线的独特之处还在于，他们成立之初就约定好了解散之日，乐团寿命只有一年。以至于解散时，很多歌迷感到意犹未尽，很是不舍。当时，也有部分歌迷因各种原因没能去听演唱会，不知道这会不会是他们此生中的一个遗憾。但没有去成的人肯定不会体验到演唱会的盛况。可以说，当时的纵贯线，完美地创造了华语乐坛的奇迹，它是不老组合，却亦有着属于年轻人的无限活力。

组合为什么会是他们四个人呢？我们要回首一段岁月，耐心聆听一下他们之间的故事。

李宗盛踏入滚石唱片公司时，罗大佑已经是家喻户晓的人物，他是中国台湾地区少有的创作题材与主题深刻广泛的人，他擅长批判也感悟人生，首张专辑《之乎者也》开启了中文摇滚批判歌曲的新时代，奠定了他的华语乐坛教父的地位。他看上去很冷峻，带着一股子不可轻易靠近的贵族气质，表情严肃，声音富有磁性，非常具有穿透力，可以直抵人心。

詹伟雄评价罗大佑："他把个人的迷惘、失落、爱情都看成是天大的事，既是天大的事，就要用很多创造性的面向去看待，始终是沉郁而孤傲的，时时把整个时代挑在肩上，连情歌都满是沧桑的痕迹。"

而李宗盛的创作则擅长男女情爱，以及小人物的心声，他擅长用简洁朴实的文字捕捉人物的心灵，看似平淡的歌词却往往蕴含着高度的人生哲学。习惯在舞台上抱着一把吉他安安静静地唱着歌，就像是一位邻家大叔的悠悠歌声，是那么的真实，又让人陶醉。

李宗盛为人随和，跟罗大佑是两个不同的类型。歌迷们封他们一个为"从没有年轻过的心理学家"，另一个则是"永远不老的社会学家"，这种不同，不仅让歌迷为之疯狂、推崇，也让两个乐坛教父惺惺相惜。一度在乐坛，他们堪称平分秋色。

当李宗盛还在校园组建吉他乐队的时候，罗大佑就已经是巨星了，李宗盛一直用仰望的姿态来面对自己心中的英雄，他很崇拜罗大佑，在他心中，罗大佑对自己而言，是榜样，是当时真正的音乐界重量级人物。

而罗大佑对李宗盛的评价也颇高，他说："李宗盛的作品中，男人是真正的男人，女人也真正像个女人。李宗盛比我更加幕后，他写的歌范围很广，在商业上非常成功，同时，他的创作能力也很强。"

两个人各自都经历了两段婚姻，连生日也仅差了一天，于是，两个志同道合的音乐才子结成伙伴，也就成了顺理成章的事。

在李宗盛与林忆莲离婚第一年的那个春节里，李宗盛望着外面的万家灯火、家家户户的喜气团圆，而自己却一个人孤独冷清地守着那个寂静无声的家时，他只能强忍住落寞，不让自己因此而崩溃。就在这时，一向不善言谈的罗大佑却给他打来电话："小李，你一定要来！"

一句话短短几个字，让李宗盛瞬间感受到一股浓浓的深情。对这一句话，李宗盛说，他一辈子都会铭记于心！

而李宗盛对周华健则有知遇之恩。

当年，二十出头的周华健为了追求自己的音乐梦想放弃了自己的学业。他在一家酒吧做歌手时，被偶然来此的李宗盛慧眼识金，他以专业音乐制作人的身份，当场就认定周华健是可塑之才。周华健的声音"咬字、转音、呼吸、专心致志"给他留下了极好的印象。也是在李宗盛的推荐下，周华健才顺利进入了滚石唱片公司，当了一名音乐助理。

在滚石唱片公司的五年里，周华健一直做着勤杂工似的工作，加上性格耿直，不懂人情世故。领导要他买十六个盒饭，领导自己准备拿走八个，他反问八个人为什么要买十六个，诸如此类，因此常被领导嫌弃，心里一直忐忑又彷徨。

李宗盛看出了他的郁闷与忧伤，总是想尽办法帮助他。一次，他听到日本当时正在流行的一首歌，认为改成中文版让周华健去唱，效果一定会很好。于是就主动替他向公司申请，等万事俱备，只差周华健自己填词时，身在香港的李宗盛却在深夜里接到周华健的求助电话，原来，周华健填的词被公司否定了，而公司第二天一早就要录音。

刻不容缓，李宗盛拿起小板凳，躲到卫生间，对着镜子帮他酝酿歌词，当时他心里那个急啊，在写歌时就把这份焦灼的感觉写进了歌词里："就请你给我多一点点时间，再多一点点问候，不要一切都带走。就请你给我多一点点空间，再多一点点温柔，不要让我如此难受。"

正是这首《让我欢喜让我忧》让周华健展示了他的歌唱实力，从一位寂寂无名的小歌手一夜成名，奠定了他的歌坛地位。

出了四五张唱片后，周华健又陷入了困惑之中，他发现自己很难再进一步。他请李宗盛指点迷津，李宗盛不紧不慢地告诉他："没什么问题，是你自己不去努力罢了，因为你时常觉得自己已经很不错了，生活环境又改善了，才会如此。"

李宗盛的一语中的，让周华健明白物质条件的改善很容易让人迷失自己，丧失前行的勇气，灵感和创意也都会被侵蚀掉。于是才有了后来的他单独走出去，独自去感受生活，去创作自己的歌。

李宗盛的栽培，周华健无论何时都不敢忘记，他总是说"李宗盛带我入行，他是我的恩师"，而李宗盛对周华健积极乐观的生活态度也十分欣赏，两人既是师徒，更是好朋友。

后来，周华健不负所望，大红大紫，成了他那个年龄段的歌手里最活跃的天王之一。在李宗盛复出准备演唱会的时候，考虑自己的舞台经验不足，他找来了周华健，提议举办一场双人演唱会，周华健张口就答应了。

正是在周华健的带动下，李宗盛才慢慢走出了拘谨，开始与台下的歌迷进行技巧性的欢乐互动。他们相互鼓励、相互支撑，也相互成就着彼此。在彼此最需要帮助的时刻不离不弃，印证着男人之间深厚的友谊和兄弟情。

周华健的演唱会，李宗盛也常常到场祝贺。他不无风趣地说："小李我有胆在大舞台唱歌，也是华健领着我的，当年华健跟我说，'大哥，你别担心，我带你'，全靠他帮忙，我们才成立了'周李二人转'……看到他如此尽兴地进行他音乐生涯的极其重要的一部分，我很高兴。简单粗暴地说，就是'羡慕妒忌恨'。"

四人组合里，张震岳的年纪最小、名气最小、歌坛地位也最低，很多人不明白为什么李宗盛请来的是张震岳而非伍佰或者别的其他著名歌手？其实原因也很简单，首先他们是一家唱片公司，其次张震岳擅长各种乐器，也是一位很优秀的有潜质的摇滚歌手。作为前辈，借此机会提携一下自己欣赏的后辈，也是理所当然。

同时，张震岳的歌带着一股不吐不快的愤怒和愤世嫉俗的劲儿，也跟罗大佑的精神内核完美吻合，他是一位全面型的创作型歌手，算得上是罗大佑真正意义上的继承者。

2010年1月底，历经十个月，每天在不同地方飞来飞去，南征北战，纵贯线演唱会终于回到了出发的城市，主题也定为了“回家了，回到出发的地方”，四个人合唱最后一首《再见》时，李宗盛眼含热泪，背过身调整情绪，一旁的周华健看见了，轻拍了一下老友的背以示安慰。

“我怕我没有机会，跟你说一声再见，因为也许就再也见不到你，明天我要离开，熟悉的地方和你，要分离，我眼泪就掉下去，我会牢牢记住你的脸，我会珍惜你给的思念，这些日子在我心中，永远都不会抹去。”

是的，抹不去的是纵贯线在小巨蛋体育馆首演时，娱乐圈一百多位明星前来祝贺，现场星光熠熠。

抹不去的是，好友成龙惊喜献上花篮，他写道：“下次演唱会记得早点告诉我，让我跟你们一起上台唱歌，我不是只当来宾，我要当团员！”面对热情，李宗盛笑道：“还以为收到恐吓信！”

抹不去的是，在哈尔滨的那场演出时，中途忽然电闪雷鸣，下起了瓢泼大雨，可台下的观众却一个也没有离去，所有人齐声唱着歌，将雷电当成了音乐的伴奏。

抹不去的是，有次罗大佑想起来有个字要修改，给周华健打电话商量却一直找不到人，后来才知道，他排练完之后回去又加练到早上六点多。

抹不去的是，虽然身经百战，却在演出时没有其他人帮腔的个人秀中，因紧张而状况百出，而观众给予的却是热烈的掌声。

抹不去的是，演唱会上他们四人的相互拆台。

李宗盛说，“假如要给纵贯线写一本情书的话，至少会有200页纸厚，其中160页以上要由张震岳来负责”；罗大佑袒护徒孙道，“他还小啦”；张震岳直言直语地反击：“我又没结过两次婚！”周华健则趁机帮忙宣传李宗盛的单身状态，结果李宗盛不得不自我圆场：“我表演时有时心不在焉，因为一直在打望现场有无猎物。”

四人的打趣调侃，时常会惹来观众一阵阵爆笑，四个各自散发着独特个人魅力的男人，将境界高、感情深、唱功好、青春蓬勃，完美地融合为一体，带给观众的是一场场视觉和听觉的盛宴。有歌迷在听完演唱会后，情不自禁地说道，“纵贯线的全球巡演，简直就是在给华语乐坛做慈善！”

刚成立时，纵贯线也曾遭遇质疑，不少人认为是四个大腕集体圈钱，改头换面做拼盘而已。但许多场下来，纵贯线用自己超强的实力及对音乐的热爱，打消了歌迷的顾虑，所到之处无不大受欢迎、一票难求。每个环节都进行了精心设计，而且绝大多数老歌还进行了重新编曲、配器，演出水准之高，堪称当时国内流行音乐之最。

300多天的日子里，历经台北、北京、上海、多伦多、香港、旧金山等海内外多个城市，据说，有136万多名观众、门票收入高达9亿元，纵贯线创下了当时华人演唱会的最高纪录。

解体的时候，不少歌迷仍觉得意犹未尽，希望他们永不解散。但即使有再多不舍，纵贯线这个史无前例的华语乐团，经过一年的长途跋涉，最终还是与歌迷说了再见，四人各自回归到自己的音乐旅途中去。也许，拥有这一份美好的回忆，对他们、对歌迷，才是最宝贵的吧。

珍物

2017年，由上海《生活月刊》编著的《珍物》一书迎来了它的图书分享会，在此之前，几乎所有人都在很有默契地等待着一个人，他为这本书作序，也写了一篇文章，他是李宗盛。

这也是李宗盛首次受邀参加图书分享会，现场，他非常谦虚地自称，从来不爱读书，写文章也很差。但在这本书里，我们看到他的文字一如既往地简单、直白、质朴而感人至深，浓浓的情怀在看似平淡的笔墨下耐人寻味，他说，“《珍物》是任何一个有简单经历、生活的人，都会有的东西，你不必具备什么样的资质。对于生命的历程当中所遗留下来的，或者所珍惜的东西，发表自己的感触，是一个卖烧饼油条都能发表的人，是一个普通大众都能感受的情感。”

参与写这本书的人涵盖了当代中国文艺界20个领域、100位富有个性和卓有成就的代表人物，包括茅盾文学奖获奖作者金宇澄、舞蹈艺术家杨丽萍、导演贾樟柯、作家叶兆言、作曲家谭盾、艺术家徐冰、人文学者钱理群、《汉声》杂志创刊人黄永松、摄影家吕楠、建筑师马岩松、收藏家曾小俊、企业家余德耀、画家许江、编舞家林怀民等，他们每个人都有一段属于自己的“珍物”故事，而这些故事又是他们的生活馈赠予生命的印记。

相对于林怀民母亲的手抄《心经》、谭盾的指挥棒、贾樟柯故乡的酒、徐冰的盲文书、黄永松的贵州蜡染等，李宗盛的“珍物”显然数不胜数，当初编辑向他约稿时，他立即表示：“乐观极了！家里到处都是这样的东西！随便挑一件，就足够吹嘘半天，写文章实属等闲。”

他一直就是那种习惯收藏旧物的人，而这些东西却并不是我们现在观念里的价值连城的钻石、珠宝、香包、豪车之类，相反，他们都是一些小到随时可以去丢掉的东西，但这些平凡的小物件，却朴实得直抵人心，它们透露出每个人内心最温柔的那部分。

谈到为何喜欢收藏旧物，李宗盛在某书展讲《珍物》时说：“今天的你是你每一天所累积的，今天我的样子是我人生经历的每一天变成我的样子，我依旧是在我人生里面发生的每一件事情成就的我，所以我很少丢东西。在我审视摩挲这些旧物的时候，透过这些东西，会去组合成为一个自己的样子。”

在李宗盛的珍物中，女儿的乳牙、口水巾、生日用过的蜡烛、一年级时用过的铅笔、热恋时情人传真来的思念信、生日送的一双胶鞋、小时候家里用的汤碗、娘为他亲手缝的内裤、二十多年前在外地录音时路边工地捡的一块石头、高中联考二度名落孙山的成绩单、几十年来创作的部分歌词原稿、打工的钱买来的第一张黑胶唱片、朋友在他最困境时送他的一本书等，都是他爱不释手的东西。他会把每一样东西都小心翼翼地收藏在一个盒子里，放在家里某个角落里。这些被他保存完好的旧物，所蕴藏的回忆，不见得全是美好，但时光辗转间，却让它们从平常变成了隽永和珍贵。

交出的稿件里，李宗盛重点描述了作为音乐人创作时用的钢笔，以及作为制琴师所用的那把刀具。他说：“琴与笔是我在创作的这个仪式中启动的另一个灵魂、经营的另一个身份、通往另一个世界的法器。”是的，对于一个从小学习就很差，几乎被所有人都认定为人生不会有太大出息的人来说，因为这两样东西的到来，彻底改变了他的命运，对他来说，它们就像缪斯女神，指引他不断地进行艺术创作。

对于一个词曲创作者来说，李宗盛对钢笔特别依赖，他非常迷恋于那笔尖与纸张之间粗砺、迟钝、确实的接触感，那种笔与纸张的反复辗转的摩擦，让他有一种好像把每一个字都种在纸上的感觉。

李宗盛写字的速度极慢，并且非常用力，他的字娟秀、遒劲而又整齐，每一笔，都像是思绪被捧在手掌里，在进行一种格外隆重的仪式。

他会花很长时间，也许是整个通宵，也许是整个白天，又或者是很少的时间，仅仅只是触动了曾经某种感同身受的体验而一触即发，在这种不同的状态中提笔抒写自己的心情。为了不影响家人的休息，躲在卫生间里创作，也曾是他的常态。跟朋友通宵畅谈，把偶然的灵感记下来，或者在温馨的晨光中徜徉，或对往事进行某种祷告。总之，笔曾是他最好的朋友，是他的知心伙伴。

而琴则是他晚年的最爱，他付出劳动去完成一件困难度非常高的工作，在安静的工作室里，一个人埋头于制造吉他，汗水从额头轻轻地挥洒，而内心却越发淡定、美好。

就是因为一支笔、一把琴，才使我们有幸感受到了一位音乐大师的风采。对他来说，这两样东西何其珍贵，它们让他更能清醒地认识自己，看清自己的心性。而对我们来说，这两样东西又何其神奇，因为它们，我们仿佛又看到了某种奇迹！

而在所有的珍物中，李宗盛最珍惜的莫过于年老的母亲，他说：“93岁的母亲，对我来说也是珍物，我每天跟她说‘I LOVE YOU’，然后她也会跟我‘I LOVE YOU TOO’。”

多年前，李宗盛记得有一次自己三更半夜才回家，彼时八十多岁的老娘踉跄地走到他面前，给了他八颗干瘪的糖炒栗子，他看到它们，知道那是不能吃的，但在那一刹间，他仍忍不住感动涕零，即使它们是初炒的栗子，香软甜腻，他也舍不得吃掉它们，于是他把它们装进了一个信封里。如今十多年过去了，那些栗子还原封不动地保存在那里。

“辛勤三十日，母瘦雏渐肥。”如今母亲年事已高，作为儿子的李宗盛则不远千里回故里，朝夕辛苦问起居。为了照顾她，他可以从北京带母亲回到台北北投的老家，把自己的工作室也安在了那里。每天下午五点半骑着摩托车回家吃饭，然后握住母亲的手，跟她一起看电视。等到七点半，就会准时给她捏脚，促进末梢血液循环。起初，母亲还有点不好意思，渐渐地，她已能主动撸起裤管，把脚伸出来……

在李宗盛为书作的序中，他花了整整三个星期来写这一捧栗子的故事……

珍物拼贴在生命之墙，它是岁月的勋章，而平凡是上天恩赐的无价。人生中有许多不同的阶段，现在对我们来说的所谓平凡物，或许在将来，你会发现它珍贵无比；现在放不下、舍不得的，或许在将来，它不值一提。

生命中的每一个值得纪念的时刻，都是我们生命的珍物。珍物可以是物品，可以是人，可以是你身上的老年斑，可以是某个或悲或喜的回忆，可以是某个让你忽然认识自己的契机，也可以是你想要将自己变得更加美好的动力，更可以是你开始思考人生意义的钥匙。

年过六十，李宗盛说，现在的他已经开始悉心打磨自己想要表达的。例如，写一写性爱，或者死亡。当人拥有了珍物，人生就变成了一本蕴含深情的小书。

新写的旧歌

2018年5月17日，继《山丘》之后，李宗盛又一力作《新写的旧歌》发布，时隔五年再次出山，李宗盛的歌依然令人动容，这首歌刚刚在虾米音乐等平台上线，立即就收获了数千条评论，赞美、感慨的评论一条接一条。

近年来，李宗盛的每一首歌，几乎都能收到如潮的好评，这一首歌初听，音律比《山丘》少了点什么，但歌词却一如既往直抵人心。李宗盛用简练直白朴实的词句，传递内心最真实的感受，字里行间释放出浓浓的深情。这是一首献给父亲的歌，他在歌词里直抒胸臆的一句话，“当徒劳人世纠葛，兑现成风霜皱褶，爸，我想你了”，刹那刺痛了所有人的心。

“遗憾我从未将他写进我的歌，然后我，一下子也活到容易落泪的岁（数）了”，终于到了身为人父，化解隔阂的年岁与心境，却原来，时光流转、岁月沉淀，想要握手言和时，亲人们却再也等不到我们的和解了。“等到好像终于活明白了，已来不及”，这是多么深的遗憾！

开头的第一句歌词，就能引起共鸣，让我们为之泪目。“比起母亲的总是忧心忡忡，是啊，他更像是个若无其事的旁观者，刻意拘谨的旁观者”，跟绝大多数中国家庭一样，严父慈母的组合，母亲温和、而又细心地照顾着我们，每天一回到家，迎接我们的就是热腾腾的饭菜，还有她那灿烂慈祥的笑脸。而父亲却大多严肃且不苟言笑，带给孩子一种与生俱来的疏离感。

中国式的父子关系，雷同而又难以言说。有心事时，我们都爱找母亲倾诉，而父亲我们往往对他敬而远之。

这是个被敷衍了每个人大半生的命题，所以刚刚听他唱到这一句，很多人就已经泪如泉涌了。一段段的回忆像发霉的物品，被翻箱倒柜地拎出来，重新品味，直至“怎么把人心搅得，让沧桑的男人拿酒当水喝”。

“不怕你晓得，那个以前的小李，曾经有多傻呢，先是担心，自己没出息，然后费尽心机想有惊喜，等到好像终于活明白了，已来不及”，一个沉默寡言的父亲，一个倔强自尊的儿子，僵持不下的场景浮现在人眼前，勾起多少人深沉的一声叹息。

然而，父爱还未学着表达，儿子却已远走天涯。“那些年只顾自己，虽然我的追求他无能也无力参与，只记得我很着急，也许，因为这样没能听见他微弱的嘉许。”

憧憬未来，又冲劲十足的青年，梦想在告别家人、追梦的旅途中，能得到父亲的几句关心和鼓励，却因为他的喜怒不形于色，沉默与矜持，而生生断了奢望，分别时的浅淡忧伤，演变成不可抑制的焦灼。其实，即使隔着万里，哪怕只是取得了一丁点儿成就，作为儿子的李宗盛，在内心里，也还是幻想父亲从没有缺席自己人生的每一个重要场合。

因为这道隔离，在过往的岁月里，母亲成了李宗盛的寄托和珍惜的人，他在给徒弟李剑青的歌词里写母亲，在“珍物”座谈会上谈母亲，在从台湾迁移北京时带着母亲，在母亲年岁大时，再陪着她回归故里，人生的每一个步骤里，唯一出席的只有母亲。

在这首歌的MV里，反复出现的旧照片，是他写给父亲的一封亲笔信，工工整整的信笺，一直收藏在抽屉里。那是一颗不敢轻易表达却又深沉刻骨的孝心，是岁月赐予他耳顺之年去爱的勇气。终于在最深的年纪里，隔着时空与父亲谈论这封信，颇为晚矣。

几十年过去了，我们不停奔赴在梦想的旅途中，究竟错过了什么？写这首歌，无疑是李宗盛对那段岁月的追悔，对亲情冷漠的反省。他也成功地用这一首歌还了情债，并教育了我们：对于亲人的存在，不要再习以为常地自私、漠视，多一些陪伴、沟通，不要等四五十岁活明白后，才发现来不及珍惜。

“两个男人，极有可能终其一生只是长得像而已，有幸运的，成为知己；有不幸的，只能是甲乙”，亲情之旅中，最美的莫过于与他成为长得最像的知己，为他抚平任性、为他丢盔弃甲、为他心安理得、为他敞开心扉真诚地说一声“爱你”“想你”。

Chapter 3 只认好声音

爱情与梦想早已腐朽，隐隐渗出烦琐的痛，琴弦拨弄着情感，爱上一个人，打造一首歌，江湖夜雨中，他成了成全别人的最佳音乐人。

梁静茹：亦师亦父

千里马常有，而伯乐不常有。一个人无论多么才华横溢，倘若遇不到欣赏他的伯乐的话，往往也容易被埋没。现实中怀才不遇的人实在太多太多！

对梁静茹来说，倘若没有李宗盛的挖掘、提携和帮助，可以说，她现在很可能还只是马来西亚一名非常普通的女子，绝不会是今天的华语歌曲天后。李宗盛对她来说，是恩师、是伯乐、是大哥，亦师亦友，甚至到了以父女相称的地步。能得到李宗盛的青睐，梁静茹绝对是三生有幸！

梁静茹1978年出生于马来西亚一个普通的家庭，父亲没有工作，母亲一个人打两份工撑起整个家庭，在她很小的时候，就开始到处打工帮母亲分忧。她做过推销员、在婚纱店兼职等，一个人承受过很多不为人知的酸楚。成名后的梁静茹在某一次综艺节目中谈及那段岁月，仍忍不住流下泪水。

改变梁静茹人生的是音乐，更是在音乐这条道路上给予她无私帮助的李宗盛。

打工之余，梁静茹坚持参加马来西亚各种音乐比赛。她拿了不少奖，最引人注目的一次，是马来西亚海螺诗韵奖，即民歌创作比赛，她与两个同样热爱音乐的同学组成了“蓝色白开水”组合，一路所向披靡，从初赛杀到了决赛，最后以第三名的好成绩签约了马来西亚的滚石唱片公司。

但那一批新人中，梁静茹却是最不被看好的，在给新人录制的合辑里，她连捞个主唱的资格都没有，只负责给别人做伴唱。后来，马来西亚的唱片老板把这张合辑带给李宗盛，并推荐了自己认为优秀的歌手，自然不包括梁静茹。

但李宗盛在反复听完曲目后，被其中一个女生的空灵纯净的嗓音吸引了，他觉得这个声音传递出一种醇厚干净的感情，于是打电话约了这个女生——梁静茹，来新加坡试唱。

见到大名鼎鼎的李宗盛，梁静茹激动不已，内心非常忐忑又紧张。但当李宗盛向她提问时，她却非常镇定地回答他的每一个问题，她的自信、青春、朝气蓬勃，也给李宗盛留下了好的印象。

很多时候，人往往认为自己目前所做的事情，并不能充分体现自己的价值，怀才不遇时的一腔怨气有时候就会控制不住地爆发出来，但其实只要从当下认真做起，机会迟早还是会留给有底气的人。

试唱的时候，梁静茹冷静而稳定，并没有因为别人是主唱而她只是个配角就心生不满，她对音乐的用心及饱满的热情，这让李宗盛很欣赏，结束后就选择跟她签约。

那时，梁静茹才刚刚十八岁，却要背井离乡跟着李宗盛去中国台湾地区发展。为了消除她及她母亲的担忧及顾虑，李宗盛来到她家，双眼泛潮地郑重地对梁妈妈承诺："您放心，我很喜欢这个懂事又善良的孩子，到了台湾（地区），我一定会把她当女儿一样照顾。"

之后的李宗盛，一直践行着这份承诺，从这时起，梁静茹开始起飞了！

因为自小在家讲粤语，梁静茹根本不会讲普通话，李宗盛就给她报名参加了一个普通话语音训练班，每天严格地监督她，从工作到生活，点点滴滴，每一个细节都不放过。

李宗盛像严父一样地关心着、指导着她，梁静茹对他又敬又怕，也更加刻苦努力。初到中国台湾时，她无亲无友，只好把所有精力都投入到了工作上，但无论她做得有多好，李宗盛也从不正面表扬她，只是微笑着对她说："还不错，还可以。"他用这种方式表扬她，其实也是提醒她还可以更好一些。

1998年，李宗盛刻意为梁静茹制作了一张符合她个性的歌曲《一言为定》，感情一片空白的梁静茹唱起来却显得有点空洞，李宗盛便语重心长地指点道："唱歌就是讲话的延伸，必须言之有物，歌词要反复琢磨，唱歌就像演戏，歌词就是剧本，必须以最佳的状态投入到扮演的状态当中。"梁静茹听完后，似有所悟，认真地点了点头。

1999年，梁静茹来中国台湾地区两年了，水土不服，加上录制的是自己第一张专辑，压力巨大，产生了惶恐之感，她主动提出回马来西亚调整一下。李宗盛又对她说："不管在任何状态，都要跟当初为什么要唱歌是一样的。"于是，回到马来西亚后，梁静茹跑到一家喜欢的餐厅去唱歌，试着去找回初心。

当年9月，李宗盛为她打造的第一张专辑《一夜长大》正式发行，可天不遂人愿，当时我国台湾地区爆发了大地震，所有娱乐方面的宣传全部被取消，宝岛陷入一片悲痛之中，她的专辑没能引起太多关注。

这次波折对梁静茹来说简直是致命的打击，她有些心灰意冷，此时，李宗盛又劝她要平和面对挫折。为了鼓励她，李宗盛叫来光良，两人联手为她作词谱曲，结果，梁静茹的第二张专辑《勇气》横空出世，让她一夜成名，迅速跻身于一线女歌手之列。当年，大街小巷到处都飘扬着这首歌："爱真的需要勇气，来面对流言蜚语，只要你一个眼神肯定，我的爱就有意义。我们都需要勇气，去相信会在一起，人潮拥挤我能感觉你……"

同时期，梁静茹也遇到了一个强劲的竞争者江美琪，两人无论是曲风，还是歌曲排行榜的排名都不分伯仲，彼此大有拼个你死我活之势。此时，李宗盛对梁静茹的要求也更严格了，不仅保障她每一年以一张专辑的速度来捍卫她的华语乐坛地位，更是对她的每一首歌都亲自过问，确保质量稳定。

之后，梁静茹每年都有流行好歌面世，《暖暖》《宁夏》《可惜不是你》《会呼吸的痛》《分手快乐》等，每首都温暖而简单，歌词朗朗上口且直指人心，有极高的传唱度和知名度。梁静茹也成为亚洲治愈系歌手的代言人，一时风头无两。即使到了现在，她这个年龄段的很多歌手都失去曝光度了，她依然能霸占着一线大咖的乐坛天后之位。

除此之外，李宗盛与梁静茹还经常担任彼此演唱会的嘉宾。2006年，李宗盛的“感性与理性世界巡回演唱会”中请来了周华健等大咖，而梁静茹是演唱会上唯一的女嘉宾，并独挑大梁唱了七首经典歌曲。歌声中，梁静茹望着李宗盛的眼神清澈而充满崇拜，就像一位纯真的小姑娘望着自己的师父一样。

在歌坛，任何一个年轻的音乐人都以能演唱李宗盛的歌曲而感到骄傲，无疑，李宗盛对梁静茹的器重与提携，几乎是超乎所有人的。

而成名后的梁静茹也不忘感恩，在自己的演唱会上，也同样邀请李宗盛做嘉宾，并且每次都要当众表示感谢。她的演唱会御用编曲也是李宗盛所带领的，阵容豪华。当然，她的演唱会场场爆满，她也成为李宗盛最为得意的弟子。

梁静茹父亲去世那一年，跟她父亲同岁的李宗盛就成了她的一个坚实依靠，她对他的称谓也从以前的“大哥”变成了“干爹”，两人成了情意深笃的一对父女。

2010年，梁静茹与未婚夫赵元同在菲律宾长沙岛举行婚礼，李宗盛特意飞过去担任两人的证婚人，如同嫁女儿一样，他两眼噙着泪花，郑重地将她托付给新郎。

婚后五年，梁静茹渐渐淡出了人们的视线，将重心放在了家庭上面，她有了一个可爱的宝宝，给宝宝取名时，她除了找到命理师，还特意请教了李宗盛。

2017年7月，梁静茹在微博上晒出了一张李宗盛与自己儿子的照片，配文是："干爷爷与孙子的互动真可爱。"

照片中，李宗盛面带慈祥的微笑，就像一位和蔼的长辈，拿着零食逗着小宝贝，梁静茹的儿子则瞪大眼看着食物，样子非常可爱，祖孙二人的画面温馨不已。

复出时，梁静茹说："家庭生活给我带来了从未体验过的幸福和满足，以我现在的生活状态，唱这样的歌会比以前有更多的切身感悟，相信你们也能从中感受到幸福的味道。"

从懵懵懂懂的小女孩，到成熟优雅的幸福太太；从名不见经传的餐厅小歌手，到名声大噪的华语乐坛情歌天后；从失去父亲到重拾父爱……一路走来，梁静茹的人生每一步都离不开李宗盛的如影随形，正是他的赏识与培养，关心与疼爱，她才活成了人人羡慕的她自己。

在外人看来，他们就是一对父女，而对梁静茹来说，李宗盛根本就是上天赋予她的一个恩赐，因为他，她的人生才变得圆满。

张艾嘉：爱的代价

张艾嘉与李宗盛的渊源极深，她比他大五岁，在歌迷与影迷心中，他们俩是一对非常合拍的“荧屏情侣”，他们二人既是工作上的好伙伴，也是好朋友，更是好知己。用李宗盛那句话讲，叫作“我们的关系，你们全部都猜错”。

张艾嘉家世显赫，父亲是一名空军军官，母亲是20世纪60年代的知名社交名媛，也是一位公认的大美人。外祖父曾任台湾地区中国广播公司总经理、台湾地区第六任新闻局长、台湾地区“中央通讯社”社长等职务。尽管出身于书香门第，但张艾嘉从小性格叛逆，16岁时，就成了校园的风云人物，有点放荡不羁，爱自由、爱听摇滚和民谣、参加各种抗议集会、交不同的男朋友，甚至还曾插足过别人的婚姻，总之，她的一生都支配在自由灵魂的追求中。

19岁，张艾嘉拍了琼瑶电影《碧云天》，这个角色让相貌并不出众的她拿下了金马奖最佳女配角，之后她的演艺事业全面开花，加入新艺成影视公司后，她甚至还提携了侯孝贤、许鞍华等后来皆成大腕的青年才俊。

欣赏才子，恋爱大过天，是张艾嘉公认的标签。1977年，她与罗大佑合作电影《闪亮的日子》而结识，那时的张艾嘉已经是大明星，而罗大佑还是一个刚从医学院毕业、在医生职业与追求音乐梦想之间徘徊不定的才华横溢的腼腆青年，张艾嘉被他的才华深深地吸引了，她听完罗大佑的歌，赞叹道："哇！那个年代能写出那样的歌，真是惊为天人！"

而罗大佑则以音乐制作人的身份为张艾嘉创作了专辑《童年》《光阴的故事》，他心甘情愿、毫无保留地都给了她。

张艾嘉是个敢爱敢恨、活得轰轰烈烈、勇敢追随自己内心的女子，我国台湾地区的名嘴小S曾说："每个女人都想活成张艾嘉那个样子。"认识罗大佑时，张艾嘉已是人妻，丈夫是大她16岁的刘幼林，结婚两年后，张艾嘉遇到了音乐才子罗大佑，她与罗大佑关系的传闻闹得沸沸扬扬，让一向孤独的罗大佑忍受不了，"爱情这东西我明白，但永远是什么？"后来有一天，他忽然把思维转移到了其他的地方去，两人这段轰轰烈烈的恋爱，和平告终。

分手多年后，张艾嘉创作了公益歌曲《明天会更好》，她主动找到当时身在美国的罗大佑作曲，并集合了六十名艺人演唱，这首歌既让罗大佑成为全亚洲最杰出的艺人之一，也让张艾嘉结识了滚石唱片公司新人李宗盛，当时的录制现场，站在这六十人最后一排的那个小伙子，就是李宗盛。

发现李宗盛的才华后，张艾嘉不遗余力提携他，让他的才华得到充分释放，两人一直保持着亦师亦友的关系。1985年，电影《最想念的季节》里，李宗盛和张艾嘉担当男女主角，李宗盛扮演一个内敛、闷骚、把所有感情都藏在肚子里的丈夫，张艾嘉扮演一个热情、爽朗、要求多多的妻子，两人之间的高度默契，将角色诠释得生动到位，以至于许多影迷一度怀疑生活中的李宗盛和张艾嘉是不是就是这样一对小男人和大女人的情侣组合？其实，李宗盛心中喜欢的类型并非张艾嘉这种，而张艾嘉也只是拿他当作小弟一样看待。李宗盛出道三十多年，别人都以"大师""大哥"来称呼他，唯独张艾嘉，一直叫他"小李"，而李宗盛也习惯性地叫她一声"大姐"。

当时，两人的关系被媒体不断猜测，李宗盛还为张艾嘉制作了专辑《忙与盲》，这张专辑彻底抛弃电子合成乐器，描写工业化缺失，用民谣的方式展示，深刻而不露痕迹地表达了一个少女对工业化的看法和失落。

李宗盛调动了他超强的策划能力，为她请来了孙建平等配和音，在当时，这种用艺术的创作来表达艺术本质的音乐，在华语歌坛是比较少见的，推出之后就大获好评，张艾嘉在唱片的内页上这样写道："于是在旅途的寂寞中，我怀疑了。我把我一些点点滴滴的感觉写下来，经过整理润饰，组成了这张专辑。许多感觉或许难以解释，许多想法或许未尽成熟，然而至少，这些都是我的感觉，我的想法。对于专辑的完成，我要特别感谢李宗盛，是他帮我设计整张唱片的音乐风格，也是他为我作曲、为我润饰歌词。"

后来，张艾嘉让李宗盛为她写一首歌，李宗盛把那首著名的《爱的代价》给了她，"还记得年少时的梦吗，像朵永远不凋零的花，陪我经过那风吹雨打，看世事无常，看沧桑变化，那些为爱所付出的代价，是永远都难忘的啊，所有真心的痴心的话，永在我心中，虽然已没有他，走吧，走吧，人总要学着自己长大……"

拿到这首歌时，张艾嘉问李宗盛："这个名字是不是太俗了点？"25年之后，当张艾嘉再次唱起这首歌，她说："经历过更多的事情才发现，这首歌每一句，都是一个画面；每一句，都是一个故事，每次唱这首歌，都一定会哭。"

张艾嘉说，录制《忙与盲》时，李宗盛比较爱她，而写《爱的代价》时，就比较不爱她。李宗盛笑着说："因为录《爱的代价》时你已经结婚，这张专辑就是我为你而写的，想着你为何嫁给别人？"他透露，写这首歌的时候，自己是哭着写完的。

都说李宗盛每制作一张专辑，就会爱上一个女歌手。有次鲁豫采访时问张艾嘉，当年李宗盛是不是非常爱她？张艾嘉说，“他为每个女生制作专辑时，一定要很爱对方，要拥有对方的那种感觉，再加上两人电影中有感情戏，就很容易被外界猜测，但正因为没有真正的恋爱，所以这段感情才能延续到现在。”

2006年李宗盛的世界巡回音乐作品会上，他这样介绍张艾嘉：“这是我生命中很重要的女人。”

张艾嘉开玩笑似的抛出一句：“那给那么多女歌手写过歌，有没有爱过她们？”李宗盛前一秒还在谈笑风生，这一秒马上紧张起来，张艾嘉没饶过他，继续问：“你到底有没有爱过我？”

虽然明知是在开玩笑调侃现场气氛，但李宗盛顿时口吃，支支吾吾，顾左右而言他，他以唱歌的方式转移了回答，掩盖了自己内心片刻的激荡，演唱会上，他把这首歌列为最后一支歌压轴出场，唱的时候热泪盈眶。

他们的关系铁到什么程度，李宗盛2013年和2015年演唱会，张艾嘉都以嘉宾身份出现，并坐在第一排最中间看。李宗盛在2015年的演唱会上，开头第一句话就说：“人生不只有爱情，爱包含很多东西。”他们之间的感情，应该是那种超越“爱情”的第三种爱，很深很铁的爱。

有一次录制一个台湾地区的综艺节目，主持人问张艾嘉：“熟悉的人中，金城武、罗大佑、李宗盛、周润发等，找一个人借钱借500万，你会向谁借？”张艾嘉张口便说：“李宗盛，因为我们有这个交情，而且他最讲义气”。

李宗盛的“义气”还表现在参加第五十二届中国台湾地区电影金马奖那次，与电影渊源并不很深的他，在献歌时谦虚地说：“我虽然写过几个电影主题曲，但是深深觉得只是沾上点边，这次会参加演出，是奉艾嘉大姐的邀请，说穿了，大姐的邀请就是命令，我只有遵命！”

他们是对方生命里彼此随叫随到的那一种，不是情侣，但异常亲密。李宗盛的演唱会上，张艾嘉当着全体观众向他说："你现在一个人肯定会寂寞了，你的三个妞也已经长大，没有太多时间陪你，你什么时候再找一个，免得经常都在唱《寂寞难耐》。"

面对张艾嘉的"逼婚"，霜染鬓发的李宗盛却只是腼腆一笑，他的花样年华里曾经出现过很多人，他很用心地对待她们，可真的只要提到爱，可能还是那个"为你我受冷风吹"的人，为她，他"鬼迷心窍"继而"领悟"，在光阴的故事里行走，在大把的时间里彷徨，是回味也好、无奈也好、畅想也好，总之，他是与自己化干戈为玉帛了，曾经为爱，他付出了太多的代价。

人到中年，皱纹爬上眼睑，对镜自照，曾被自己亲手埋葬的爱情早已不知所终，只能在一地鸡毛中回忆，消磨着自己的短暂青春，谁也不知道分手后的恋人心里都在想些什么，就像每个身为他挚友的人都在拼命劝他再次寻找幸福一样。在夜凉如水的深夜，在寂静万分的空间里，李宗盛的歌总是能轻易挑逗着每一个人的心弦，撩拨着那颗蠢蠢欲动的心。张艾嘉是懂他的，因此她说："每个人的心目中，都住着一个李宗盛。"

爱情是奢侈品，有可以活，没有也可以活。人生的朋友也好，伴侣也罢，都是要靠缘分的，急也急不来，只要尘缘未了，就会有一种友谊叫作"李宗盛和张艾嘉"。

陈淑桦：梦醒时分

很多人都说，李宗盛是最了解女性的男人。他写的情歌，无一不成为经典，每一个演唱他的作品的人，几乎不是迅速蹿红就是歌唱事业更上一层楼，例如前面写到的梁静茹、林忆莲等，而陈淑桦则是李宗盛捧红的第一个女歌手。

陈淑桦1958年出生，跟李宗盛是同龄人，她是一个天生会唱歌的人，注定会跟李宗盛产生交集。

八岁时，陈淑桦参加中国台湾地区最大型的歌唱比赛——中广“台湾歌谣”比赛，以一首《个个满足》获得了冠军。墨黑的双眸、灵气的气质、朱红的嘴唇透着一股活泼机灵劲儿，漂亮得像苹果一样圆圆的脸蛋、银铃般的声音，让这个小姑娘受到唱片公司的青睐，次年五虎唱片公司为她录制了第一张专辑《水车姑娘》，她把小女孩的快乐全部投入到了这张专辑中，也成了家喻户晓的童星。

由于年纪小，陈淑桦要继续读书上学，因此推出这张专辑后，她告别歌坛七年，一边读书一边唱歌，1976年，陈淑桦十八岁，花季少女终于长大，活泼灵动中透着股少女鲜有的妩媚，海山唱片公司主动找她签了六年合约。

这六年里，陈淑桦出了十张专辑，唱了六部电影主题曲，其中一首是电影

《美丽与哀愁》的同名主题曲，那时的她青春洋溢、自在快乐，尽管电影流露的是浓浓的愁绪，她唱出来的歌却跳跃着愉悦，这个时期可以说是她最无忧无虑的时光。

有一个好声音，又太会唱歌，百代唱片公司1983年将她收在麾下。在这里，她又愉快地度过了三年光阴，并在音乐上取得了较好的成绩，《浪迹天涯》《海洋之歌》等都充分展示了她的歌唱实力，并获得第二十届中国台湾地区电视金钟奖年度最佳女歌星演员称号。

虽然发展得不错，但陈淑桦一直离大红大紫还有一段距离，从快乐的小女生到成年转型的这期间，她无论唱什么歌都红不起来。1986年，陈淑桦的母亲找到当时已在滚石唱片公司担任副总经理的李宗盛，希望能得到他的指点。

当时的陈淑桦已经三十岁了，想脱颖而出，除了保持一流的唱歌水准外，还要另辟蹊径。李宗盛给陈淑桦的第一个建议就是希望她能把头发剪短，显得干练一些。

当时，台湾地区流行玉女范，女人都像林青霞、林凤娇那样留着一头飘逸的长发，李宗盛不走寻常路，首先从外形上对陈淑桦做出改变，摆脱那种小鸟依人的感觉，在给陈淑桦拍摄MV的时候，要求她全部穿职业装，显得成熟干练。

之后李宗盛为陈淑桦打造了她在滚石的第一张专辑《等待风起》，其中一首《那一夜你喝了酒》有一点李宗盛《寂寞难耐》的影子：“然后隔着纱门对我诉说你的悲哀，刹那间我突然了解，你这样的男人，要的不只是爱。”在李宗盛的指导下，陈淑桦演绎得非常成功，“总是润润的，很有光泽、不亮、不刺耳、不腻、不累，很耐听，容易辨认”，李宗盛这么评价她的声音。

他有心让她尝试走哀怨情歌路线，他说：“这是伏笔，也是一种探索性尝试。当时觉得陈淑桦是一个拘谨、安静、规矩的女孩，在生活中常常可见，只不过她的职业是歌唱，她从前受到的是比较封闭的教育，而在这个圈子要面对很多很快的变化，她必须要适应新式生活，陈淑桦也很努力，最终打动了我，也启发了我往后给她制作专辑的灵感。”

到了第二张专辑《跟你说，听你说》，陈淑桦就一跃成为歌坛女神级人物了，李宗盛为她打造的这张专辑成了中国台湾地区音乐史首个拿下百万销量的唱片，其中那首《梦醒时分》更是成为经典中的经典，商业上的巨大成功，也把李宗盛推向了“音乐教父”的宝座。

接下来，陈淑桦陆续发了几张专辑，都延续这张专辑的风格，《滚滚红尘》更是让她拿下了第三届中国台湾地区金曲奖最佳女歌手称号。

“想是人世间的错，或前世流传的因果，终生的所有，也不惜换取刹那阴阳的交流，来易来，去难去，数十载的人世游，分易分，聚难聚，爱与恨的千古愁。本应属于你的心，它依然护紧我胸口，为只为那尘世转变的面孔后的翻云覆雨手……”忧伤的爱情，夹着余音绕梁的歌声，陈淑桦与罗大佑的合唱，将这首歌中体现的爱情演绎到极致。

之后，跟陈淑桦合唱的男歌手都是天王级的人物，例如，李宗盛、周华健、成龙、张国荣等，她的《生生世世》《当真就好》《明明白白我的心》《守住永远》《流光飞舞》等成了家喻户晓的金曲。陈淑桦也再次获得了金曲奖最佳女歌手称号。

陈淑桦也很谦和、安静，即使在最红的时候，也没有半点架子，她很理智，也能清醒地看清自己的方向，之后，她选择到美国进修一年。

回来后，李宗盛又为她打造了全新专辑《爱的进行式》，其中两首歌《问》和《笑红尘》再次让华语乐坛掀起惊涛巨浪。

值得一提的是《问》这首歌的诞生颇为传奇，它是李宗盛第一次来内地办演唱会时被主办方出难题临时几天创作出来的，也只有李宗盛这样的创作型音乐人，才能在如此紧急万分的情况下迎难而上，否则那场演唱会的效果怕是要打个折扣。

当时，主办方突然要求陈淑桦唱一首给内地歌迷的歌，这可把李宗盛急坏了，短短几天时间弄出一首新歌，既要让陈淑桦练会，又要让团队信任他在这么短的时间内写的歌会红，要在台湾他早就不干了，但第一次来内地，李宗盛必须注意形象，他憋了几天，终于写出这首《问》："谁让你心动，谁让你心痛，谁会让你偶尔想要拥他在怀中，谁又在乎你的梦，谁说你的心思他会懂，谁为你感动。如果女人总是等到夜深，无悔付出青春，他就会对你真。是否女人永远不要多问，她最好永远天真，为她所爱的人……"

很多年过去了，2013年，梁静茹在李宗盛的演唱会上翻唱这首歌时，竟然让它再次爆红。很多人说，《问》这首歌是李宗盛的妙笔生花，写尽了女人内心的纠结，而陈淑桦演唱时情感收放自如，恰到好处。

之后，陈淑桦的事业如日中天，曲风再次发生转变，就在大家惊叹她的歌声如同海岸上裹着阳光的风时，两个意外，让她的音乐生涯戛然而止，彻底扭转了她的命运，从此，江湖再无陈淑桦。

1997年，陈淑桦误食了含有安非他命的减肥食品导致歌唱生涯几乎结束。与此同时，她最爱也最依赖的六十多岁的母亲起床后在楼道里跌了一跤，被送到医院后竟猝然长逝。突如其来的打击让陈淑桦一下子崩溃了，觉得整个世界都坍塌了，她哭得死去活来，此后很久没能从失去母亲的痛苦中挣扎出来。

这里不得不提一下陈淑桦的妈妈，这是一位伟大的母亲。但同时也正由于她对女儿的过度溺爱，严重影响了陈淑桦的心智，使得四十岁的她在失去母亲后，对自己的生活和工作完全不能应付自如，她的处事能力因为长期受母亲照顾，完全像个大小孩。她看不懂演唱合同，不会同人谈出场费，连飞机票都买不好，失去了母亲，她也失去了一部分应对挫折的能力，甚至觉得这个世界很恐怖，她有点害怕与人接触了。

到了1999年，陈淑桦彻底告别了歌坛，她以低价卖掉了房产和车子，与爸爸一起在台北郊区买了一栋简陋的房子，更换了手机号码，彻底中断了与外界的一切联系。

传言，她还得过抑郁症，曾自杀过，幸好被爸爸及时发现。从大众视线中消失后，陈淑桦过着足不出户的日子，越来越自闭。2009年，一家媒体在她家楼下拍到了她的素颜照，她站在公告栏旁满头白发，面容憔悴，看上去老了许多，让许多关心她的朋友牵挂不已。也许，她还念念不忘她的音乐。

歌手齐豫接受访谈时曾说出自己的想法和推测："比较宿命地说，有些人在某些时候，会提拉你一把，在那个点，如果你能够解开的话，可能很多东西就会打开。有些人在他最纠结的时候，没有这样一个贵人去提点他或者帮助他，可能他就突然锁死了，都有可能。所以，怎么样去预防或者怎么样建立自己，我觉得这真的是个很大的题目。"

陈淑桦对母亲的依赖达到了什么程度呢？从她很小的时候，母亲就把全部精力都投入到了她的歌唱事业上，除了唱歌，其他事务全部包揽。在她母亲看来，女儿天性柔弱，需要被保护，她不能让她有任何闪失。而陈淑桦就像是一朵温室中的花朵，性格内向，不喜与人打交道。而母亲则一切以女儿为中心，专职打理她的一切，既是她的经纪人，又是她的秘书，甚至于保镖，有需要签的演出合同，她看也不看，就交给母亲。总之，除了唱歌，她什么都不用多操心，也非常乐意在母亲这棵大树下得到庇护。

她的母亲处处对她不放心，呵护备至。有朋友聚会或组办方的活动，她担心女儿不知如何应对，也跟着一块去。有工作人员回忆称：“有一次，陈淑桦和李宗盛在歌棚里录歌，陈淑桦的母亲就在外面捧着一个罐子，里面装着补身体的鸡汤，等着她的宝贝女儿出来再给她喝汤。”

公司准备给陈淑桦安排经纪人，她的母亲也不同意，认为女儿没有主见，别人做她女儿的经纪人她不放心，并强烈要求自己做女儿的经纪人，她对陈淑桦说：“歌坛竞争很激烈，你只管一心一意唱歌，母亲会替你打理好一切，不会让其他杂事来分你的心。”

不仅事业，在爱情上，母亲也横加干涉。刚到滚石唱片不久，陈淑桦爱上了一个跟她一样默默无名的小歌手，男方眉清目秀，跟她志同道合，可当她母亲知道后，就非常生气地对她说：“你还年轻，才刚出道，应该把主要精力投入到歌唱事业上，谈恋爱会让你分心。”即使陈淑桦说不会分心，但母亲依然坚决要她分手，“你不听母亲的话，母亲就不管你了！”陈淑桦只得忍痛斩断情丝。

母亲承包了所有的庇护，却不知自己的所作所为其实是在伤害女儿。

陈淑桦四十岁时，一位知名医生对她展开了热烈追求，经过一段时间的交往后，她对男方心存好感，两人相爱了，这个年纪的她多么希望能有一个知心的爱人相守一生。这一次，母亲没有反对，毕竟女儿的年纪也不小了，况且医生也长得一表人才。

但两人交往没多久，陈淑桦的母亲又不放心了，她担心男方只是贪图女儿的钱财，竟对男方百般考察，有一次，陈淑桦同医生约会，母亲竟开车跟在后面监视。最后，医生忍无可忍，提出了分手。

分手后，陈淑桦非常伤心，母亲又安慰她说：“母亲要为你物色一个真正爱你的人，因为你太单纯，母亲怕你上当吃亏啊！”

陈淑桦从来也没想过妈妈会变老，更不要说突然离世，她习惯了母亲在她身边的感觉。当给妈妈看病的医生告诉她，母亲是因为常年操劳，身心俱疲时，属于“过劳而死”，她顿时感觉好像失去了一切。

可以说，陈淑桦的母亲的过度呵护，让她失去了自我生存的能力、失去了与人打交道的能力、失去了爱情，甚至终生未嫁。她的年纪虽然已到了中年，可她有好多事情处理起来很困难，尤其是与人交往。这样的她就容易在遭遇挫折时一蹶不振，陷入自我设置的泥潭无法走出来。

在陈淑桦退隐的多年里，李宗盛和滚石唱片公司却一直没有忘记她，他们每年都会给她送去一部分歌曲版税酬薪，供她生活无忧。2006年，李宗盛的世界巡回演唱会台北第一站时，他将第一站主题定为“献给陈淑桦”，第二站的主题才安排给了林忆莲，陈淑桦排在了老婆之前，可见李宗盛对她的情谊之深。

可演唱会就开在陈淑桦家门口，她却始终没有来到现场。演唱会结束，一封李宗盛亲手写给她的信缓缓出现在大屏幕上，他写道：

“淑桦，一切都好吗？但愿你已从失去母亲的深切哀伤中平复过来，不管我们乐意不乐意，随着岁月增长，我们都得渐渐地去看见，人生更完整的面貌，我们所有的获得或失去，恐怕都不是生命的本意，反而是经历一切后，从而发现自己。

“这些年，少有机会见到你，在办公室碰见也只是擦身而过，匆匆来去。记得小小黑黑的臭臭的音乐室吧，对，我还在那里，记得不厌其烦，一定要你重来的小李吧，是的，我还是坚持，我要的自有道理，我仍然为每一首歌，每一个艺人，每一个案子尽力，在绚烂舞台上，惑人声名之外，尽力完成自己。

“好久不见，淑桦，你在台下看吗？小李变成真正的老李啦，头发没了，胡子白了，人漂泊了，心沧桑了，却依然要大声唱歌，像当年一样，没关系的，日子会顺顺地往下去的，我们会再见面，唱歌，就像当年一样。”

尽管李宗盛依然惦记着她，深情款款地祝愿她早日回到舞台的怀抱，但至今陈淑桦也没有再回来。物是人非，世事难料，她的抑郁症一直没有完全康复，还在困扰着她，还在让他时刻牵挂着。

“很多事情都可以被模仿，但是至今，没有谁能模仿得了陈淑桦，她自成一格的气质和声线，没有人可以抄袭，没有人能够模仿。”李宗盛说，“很多事情都会被遗忘，唯独陈淑桦没有。”

也许，我们可以选择不去忘记她的方式，就是听一听她的歌曲，回忆一下她曾经的欢快，献上祝福，就足够了吧。

也许，她总有梦醒时分的那一刻。

周华健：让我欢喜让我忧

周华健是华语乐坛响当当的实力唱将，20世纪90年代的鼎盛时期，他是中国台湾地区乐坛的领军人物，素有香港“四大天王”杀手之称，他的声音清澈独特，极富立体感。不仅唱歌好，能弹吉他，还能作词作曲，这点连歌坛已成名的四位著名歌手也无法与之媲美。

并非虚言，当年，只要周华健的专辑面世，其他明星歌手发片也要避开他的档期。他与成龙、李宗盛是好到可以穿一条裤子的朋友，但鲜少有人知道，周华健的成名路上，李宗盛扮演着知遇之恩的贵人角色，可以说，没有李宗盛，很可能就没有今天的周华健。

周华健对李宗盛也格外尊重，被外界称为“乐坛大哥”的他，从不敢以“大哥”自称，他说，“我从来都不敢当什么大哥，道理其实很简单，光阴似箭，经过一段岁月的磨炼之后，媳妇就会熬成婆，任何一个媳妇上面都有一个婆，任何一个大哥上面都有一个大大哥，我的大哥就是李宗盛，他既是我的老师，也是我很好的朋友。”

周华健成名于台湾地区，但他出生于香港西营盘周记米店，是地道的香港人。上面有三个哥哥，下面有一个妹妹，他们家的孩子小名都以“牛”称呼，他是家里的“四牛”，由于上面有三个“牛”罩着，他从小不用帮父母打理店里的生意，成天只负责顽皮打闹。小时候的他顽劣到什么程度呢？经常有邻居带着自家的孩子找上门来，向周华健的父母讨伐他又打伤了孩子。

在周华健十四岁的时候，三哥送了一把吉他给他。当时，周华健正迷恋“温拿五虎”的音乐，这把吉他让他爱不释手，迅速沉浸在了音乐的世界中。自然，他的学习成绩也一落千丈。十五岁的时候，他的成绩单被寄到家里，母亲告诉他，他必须要留级了。周华健听完，顿时感到人生实在残酷，他站在八楼的窗户前，差点跳楼。之后他没能考上香港中文大学，郁郁寡欢，更把心思都投入到了音乐上。

当年，罗大佑可以说是华语乐坛教父级的传奇人物，周华健在精神空虚的时候就听罗大佑的歌，他特别崇拜罗大佑，就跑到台湾去考大学，梦想有一天能见到自己的偶像。后来，他实现了这个愿望，帮他完成这个愿望的人，就是李宗盛。到了台湾后，经过两年的刻苦努力，周华健最终考上了台大数学系。读大学后，他发现学数学根本不适合自己，有一次隔壁宿舍里传来了吉他声，他压抑许久的音乐梦喷涌而出，借来了一把吉他，把全部的心思都投入到了音乐上，他对自己说，人生不能没有音乐。

后来，周华健跑到民歌餐厅驻唱挣钱，他做了自己的第一张唱片《最后的圆舞曲》，谁知就在专辑发行的前一天，唱片公司倒闭了。无奈之下，为了生存，周华健经人介绍，几乎唱遍了台北所有大大小小的西餐厅。

缘分有时就是那么巧，仿佛是注定一般。就在西餐厅驻唱期间，周华健认识了自己人生最重要的两个人，一个是他现在的太太，美籍康翠兰女士。太太家境优渥，当时在一家大型公司上班，爱上了音乐才子周华健，不顾家人的反对与之结婚，两人住在家徒四壁的出租房里，连张床都没有，只能睡地板。那时家里的所有费用，都是太太出，她却没有半句怨言。而另一位，则是音乐上的伯乐，李宗盛。

当时，李宗盛跟几个朋友正在那家西餐厅打麻将，周华健独特醇厚的声音引起了他的注意，一向喜为他人作嫁衣的李宗盛找到周华健，把他带入了音乐圈。

进入滚石唱片公司后，周华健先是干了两年助理，由于为人耿直，并不太讨领导喜欢，他一边读书，一边在公司里做事，而他每天做的事就是跑腿买盒饭，他比较忧虑，不知道哪一天自己才能有机会唱歌。此时，为了生计，他只能私下接一些广告歌，四个月，他唱红了四十首广告歌。

这期间，李宗盛一直没有忘记过周华健，他不断向公司推荐他，并帮他制作了个人首张专辑《心的方向》，手把手带他填词谱曲。也正是这张专辑，让周华健奠定了在台湾地区乐坛的最初地位。之后，李宗盛又为他创作《寂寞的眼》，在台湾地区乐坛引起轰动。

后来，李宗盛偶然听到了一首当时流行的日本歌曲，他认为这首歌如果配上中文歌词，一定能火，于是又向公司推荐周华健来唱。

当时的周华健很有主见，一心想做创作型歌手，很不屑做原唱型歌手，起初还断然拒绝。李宗盛苦口婆心地劝他，之前的作品格调太高，虽然好听又有辨识度，但不容易传唱，他希望周华健先火起来，成为明星歌手有了实力后再随便去折腾。李宗盛还拉来了滚石老板一起劝，段钟潭（三毛）也认为周华健有“唱红翻唱歌曲的命”，让他先朝着翻唱方向走，等将来红了之后再“曲线救国”。

就这样，周华健在李宗盛和老板的劝解下接受了公司的安排。但实在热爱创作的他，还是向公司争取了一个自己填歌词的机会，李宗盛也很放心，写词的工作全权交给了他。

但没有想到的是，两个月后，周华健的新唱片进入录制环节，他的歌词却没有圆满完成，情况紧急之下，他只好半夜三更打电话找李宗盛求救。当时李宗盛正在香港出差，顺便与两地分居的第一任妻子朱卫茵团聚。

接到电话时，李宗盛跟妻子正住在酒店里，久别重逢还未来得及一番亲热，周华健的求助电话就来了。李宗盛只好无奈地把妻子晾在一边，一个人搬了个凳子，跑到卫生间，对着镜子开始写歌。

他自然是又气又急，所以那首歌开头的句子就是一顿撒气："爱到尽头覆水难收，爱悠悠恨悠悠"……终于等到第二天早晨，"为何要到无法挽留，才又想起你的温柔，给我关怀，为我解忧，为我凭添许多愁，在深夜无尽等候，独自泪流，独自忍受，多想说声我真的爱你，多想说声对不起你……"这首《让我欢喜让我忧》才完成，幸运的是，正赶上当天的唱片录制。

这首歌被安排为专辑第一主打歌，还成了专辑名，并严格遵守李宗盛制定的路线，配合滚石一流的制作团队全力打造，一经推出，周华健便一炮而红，顺利开启了他的华语歌坛领衔的时代。

后来，周华健笑谈："家里开米店的自己，和家里开瓦斯行的李宗盛在一起最有收获，因为'瓦斯点着了，生米才能煮成熟饭'。"

虽然顺利迈向"歌王"之路，但李宗盛对周华健的要求却仍然非常严格。周华健曾用半年时间写下十六首歌交给李宗盛，却被他否定了十四首，只保留了两首《亲亲我的宝贝》和《寡妇村传奇》。谁知被李宗盛肯定的这两首歌，却都全部大火。李宗盛的独具慧眼也让周华健万分叹服。

出道以来，周华健发行了五十多张个人专辑，为他人创作了十余首歌曲，举行了八百多场演唱会，参演了上百部电影，大红大紫的他，从来也没忘了当初李宗盛的提携之恩，无论走到哪里，他都不忘感激一下这位老友。三十多年来，他们一直都是好友，组过纵贯线和周李二人转，也担任彼此演唱会的嘉宾。

2004年，两人大展搞笑本领，李宗盛扛着一只煤气罐，周华健背着一袋米，在北京首都体育场举办"周李二人转"跨年演唱会。

发布会上，两人这身造型引起哄堂大笑。李宗盛说："我曾经在我的歌里讲过，我是瓦斯行老板之子，我有很长时间在瓦斯行工作的经验，所以这个道具对我来说一点儿也不陌生。"而周华健也有样学样，他说："我小时候在米店长大，我父亲是开米店的，所以这包米属于我的。"现场气氛被搞得十分热闹，两人摆出各种造型让记者拍照。

两人还相互鼓励和调侃。李宗盛说："我在这个行业已经几十年了，但舞台经验非常缺乏，而我也一直想找个机会能上台唱歌给大家，华健的舞台经验非常丰富，他一个人在台上就可以把几万人搞得晕晕乎乎的，这个值得我学习。我很感谢华健这次终于肯带我上台，我们俩的歌曲本来就非常多，我们一定要精选出最好听的歌曲唱给大家听。"而周华健则说："我曾经说过，在我的音乐道路上有很多恩人，李宗盛就是其中一个，大哥把我从路边捡回来，他给了我太多的帮助。他是我的老师、朋友和兄长。"

因为当时是12月31日，正值跨年，周华健开玩笑地说："你们假装演唱会结束时的十点半就是午夜十二点好了。"而李宗盛则"掩耳盗铃"地说："你们进场前，把自己的表向前拨快两个小时。"

巧的是，他们这次演唱会与张学友的《雪狼湖》撞车，李宗盛开玩笑地说："那就安排一下，我们两场演唱会分别安排出场顺序，第一天我先唱，第二天你先唱，你唱的时候我去看（《雪狼湖》），我唱的时候你去看。"

不得不说，在这么多老牌天王里头，也只有周华健能撼动歌神张学友的地位，无论是忧伤的还是欢快的曲风，周华健都拿捏精确。他的成长与影响，虽然跟自身实力密切相关，但也离不开李宗盛当年的点拨和帮助。所以，一对好友的感情可以一直维系着。

两人插科打诨，配合高度默契，演唱会未开始，已经先预热成功。当时的李宗盛刚刚走出离婚阴影，周华健的配合，也是为了帮助好友尽快扫掉内心的阴霾。

提到那时李宗盛与林忆莲的突然离婚，很多人都诧异万分，还是周华健第一个站出来惊爆内幕，“整个事件显得扑朔迷离，但再离奇的事也是有预兆的。”他表示，虽然李宗盛对离婚之事一直三缄其口，即使是最近的亲友也不透露半分，但以他们几十年的交情，他还是在事发之前看出了一些端倪。

“你们知道吗？李宗盛最近几年已经戒烟了，我们一起开会的时候，我总会抽几支，但他最多把烟拿在手里玩，坚决不当瘾君子了。但是有一次，就在他们正式宣布离婚前不久，我们又在一起开会，我象征性地敬了一支烟，谁知道他真的就接过去并点着吸了起来。我当时就觉得不对劲，预感肯定有事发生，果然过了没多久，就听说他们离婚了。后来我再碰到他的时候，他又恢复了戒烟状态，而且整个人精神好了很多。”

真正的好友不会打破砂锅问到底，但一定会尊重对方的决定，并坚定地站在他身旁予以支持和鼓励。男人之间的友谊有时无须太多言语，一个眼神，一个动作，就能在心底迅速达到默契。这次演唱会，既成就了自己，也帮助李宗盛从离婚的阴影中尽快走出来。从前，李宗盛帮助周华健，现在，轮到他帮他，他一样义不容辞，而歌迷在他们的歌声中，一样能感受到那浓浓的温暖和情谊。

2016年，继前一年北京工体四万人演唱会顺利结束后，周华健钦点返场北京首都体育馆举办《再圆场北京演唱会》，演唱会前，他亲笔写了一封信“告白”李宗盛，邀请他来参加自己的演唱会，并感谢他当年的知遇之恩。

周华健写：“那一年的一天，没想到因为你，我真的成了滚石的制作助理，有天我去你办公室找你，哭着脸说，‘都没人听我的意见的’，你说，‘谁会给惨绿菜鸟舞台呀？但你要有自信，目前也就只能自己当自己是个制作人，平常多练习，把想法有逻辑、有层次地表达出来，行吗……’”

李宗盛回：“你在信中提及的过往那些让你挫败的事、无助的片刻、不着边际的交谈，我偶尔也会想起。而你毕竟走过来了，让那些事终成为你丰盛事业的点缀。你知道的，我总是不动声色地看着你，我亦明白，你也对我做同样的事。几十年来，我们就这样各自为对方多次捏把冷汗或暗暗叫好，比起那些能给自己找个远大目标然后去完成的人，我们的初衷都只是希望能一生做自己喜欢的事……”

兄弟间的书信往来，浅淡、自然，又浓烈、芳醇，就像一壶老酒，散发着动人的醇香，让看客感动，又情不自禁地泪眼蒙眬，不禁想问，世间有多少人能有这样的运气，遇见他，珍惜他，与他一起成长，一起朝着自己也是彼此的爱好，一同奋进？这样的感情，绝不是三言两语就可以形容，绝不是简单想象就能描绘出他们的深厚情谊，也许就像他们的歌唱的那样：“朋友一生一起走，那些日子不再有，一句话，一辈子，一生情，一杯酒，朋友不曾孤单过，一声朋友，你会懂……”

赵传：我终于失去了你

能让音乐教父李宗盛为他下跪的歌手只有赵传一个，赵传也是在大陆第一个开演唱会的台湾地区歌手。赵传是有目共睹的相貌有点奇特，虽然他自己不肯承认，但李宗盛却“实事求是”，为他创作了一首“大快人心”的、传为经典的歌曲《我很丑，可是我很温柔》，这首歌也成为赵传传唱度最广的一首歌。当然，还有两首也同样经典，那就是《我终于失去了你》《我是一只小小鸟》，这两首歌也是李宗盛专门为他量身定制的。这三首歌的诞生，使赵传迈入了一线歌手的行列，而关于它们的诞生，还夹杂着一些十分有趣的故事呢！

赵传1961年6月18日出生于中国台湾地区嘉义市，父亲是一位军人，他年轻时便继承了父亲那种军人的硬气与热血气质，热爱唱摇滚，其声音高亢、沙哑、声嘶力竭，散发着无穷的狂野与柔情，与当时乐坛上流行的靡靡之音大相径庭，这使得他从刚出道就显得与众不同，甚至可以说格格不入。

成名之前，赵传当过餐厅的洗碗工、城市间的送报生，也干过写字楼的清洁工、贸易公司的文员等，生活在被别人“呼来唤去”的生活里，常常骑着摩托车，头发被风吹起来，空气肮脏，摸上去头发全是灰尘，但他从来不觉得自己就是一个小人物，也不感到卑微，他安慰自己，谁不都是这个样子？谁不辛苦呢？

因外貌一般，赵传没少在乐坛上受到排挤。要知道，那个年代的歌星，哪个不是长得挺帅的？像他这种长相标新立异的，完全只能靠边站。

所以他从未想过往偶像级歌手方向走，实力唱腔也为他迎来了唱歌生涯的第一个冠军。当时，他与弟弟赵杰组成了一个乐队，叫“红十字合唱团”，他们的摇滚风席卷中国台湾地区的各大专院校，成为小人物的代言。虽然长相普通，但赵传的歌声却饱满而富有雄性特质，充满精神力量，他拥有一大批忠实的歌迷，他的歌唱道路可以说非常顺畅而精彩。

1987年，赵传加入滚石唱片公司实在是一个非常偶然的机缘，当时，他参加了中国台湾地区的热门音乐大赛，得到了冠军。台下滚石唱片一名领导人对他的实力颇为折服，就主动邀请他参与一个电影原声带的演出，就这样，赵传进入了滚石唱片公司。

加入滚石后，赵传跟李宗盛的关系起初并不怎么好，据赵传后来回忆，有一次，李宗盛约赵传去录一个单曲，他约下午五点过去，但李宗盛给他打了招呼后就说：“我这有个案子还在忙，你先等一会儿。”过了两个小时，再出来后，他又对赵传说：“不好意思，我们这个案子延误得很厉害，你可不可以再等我一下，我马上就好了。”赵传说：“没关系。”没想到，这一等，又是两个小时，到了晚上九点，李宗盛出来又告诉他，“不好意思，我们这个案子还没弄好，你明天再来吧！”

次日，赵传如约而来，李宗盛又以同样的理由请他第三天再过来。等到第三天，好不容易等到录音时间，李宗盛又对他说：“今天太累了，不想录了。明天再录吧！”赵传心想，这是大哥在考验他呢，于是仍旧保持乐观的心态第四天再次过来录制。

两人后来熟识后，李宗盛坦言，他起初并不十分喜欢赵传，因为在他的印象中，唱摇滚的人大多比较嚣张、猖狂、目中无人，但接触下来，他发现赵传并非原本想象中那样。

对赵传的唱功，李宗盛一直非常欣赏，他曾对赵传说“你将是国内乐坛‘杀手级’人物”，因为这句话，也让赵传对音乐信心百倍！在歌坛道路上，赵传最感激的人就是李宗盛。

李宗盛为赵传制作的第一张专辑就是《我很丑，可是我很温柔》，30多年前，正是这首歌让赵传红遍大街小巷，这张专辑狂卖三十万张，让他一举成为当时滚石唱片销量最高的歌手，比当时的罗大佑、周华健、陈淑桦都要高，也奠定了他摇滚歌王的地位。

但当时赵传对这首歌及其公司的宣传，却并不怎么满意，尤其把“丑”作为宣传噱头，更让他无法接受，一度他不想唱这首歌。每次进入录音间，他唱到“我很丑”这句时，都有意把“丑”字唱得非常小声，而下一句“可是我很温柔”就加重了语气。

李宗盛看出了他的反抗情绪，就不断耐心地开导他，很长时间的开导后，赵传才总算释怀。

赵传是少有的一出道就立即大红大紫的歌手，《我很丑，可是我很温柔》大火了之后，李宗盛决定趁热打铁，再为他打造一张专辑，但他一直没找到切入点。此时，赵传谈了一个北京的女朋友，女友后来因工作去了香港，两人两地分居后，渐渐失去了联系。得知赵传失恋后，李宗盛立即为他制作了第二张专辑《我终于失去了你》，而在录制这张专辑时，两人因为第一句歌词到底重音应该落到哪里时起了争执，连续录制了五天，都没有达成统一意见。

此时，出生于军人家庭的赵传倔脾气犯了，他毫不退让，但李宗盛作为音乐制作人，他有着编曲上的考量，赵传与他的对峙，让这一句歌词，从早上八点一直录制到晚上十点都没有达成统一意见，反复录制了上百遍后，李宗盛被逼得没办法了，他突然从录音间里冲出来，赵传见他面色难看，以为他要训斥自己，谁知，李宗盛却对着他突然下跪，这下可把赵传吓坏了，他整个人都趴在了地上。

李宗盛诚恳万分地对他说："老赵，我告诉你，这个是因为要包括背景音乐的，编曲、配器是按照这个拍子，鼓点是这样走的，所以你如果按照你的方式去唱，你会跟背景音乐没有办法吃在一起。"赵传恍然大悟，觉得自己想多了，他连忙说："大哥你早点说嘛，你又不解释，我总以为自己哪里唱得不够好，是音准还是拍子的问题，还是说整个背景音乐的问题。"

后来，赵传采纳了李宗盛的建议，而这首歌也让他一炮而红，从那以后，两个对音乐极其执着的人，成了惺惺相惜的好兄弟。

后来，谈及创作这首歌的情境时，李宗盛开玩笑地说："当时是老赵空前的一个状态，我是因为妒忌才创作的。"

原来，自从《我很丑，可是我很温柔》大火后，赵传每次在台上唱歌时，台下都会有无数的歌迷热情欢呼，蜂拥着要到台上为他献花甚至献上香吻，坐在一旁远远观望的李宗盛此时便开始"浮想联翩"：台上的这个人什么都有了，那我就编一个故事，让他拼命爬上人生的巅峰，但这时他最爱的女朋友却跑了。就是这样一点点灵感，李宗盛创作了这首歌。

在赵传事业鼎盛时期，他跟公司解约，自己创立了音乐工作室，准备大展拳脚。谁知有一天，工作室里却闯进来几个人，不仅将他工作室的人员打伤，还抢走了五万块钱，走的时候更是一把火烧毁了他的工作室。赵传对自己的员工非常内疚，后来他才知道是有人见他大红大紫心生妒忌，故意为之，那些人原本想打的人是他，只是那天他恰好不在公司里。

这次事件导致赵传破产，也让他一度患上了抑郁症。在他无路可走之下，李宗盛主动找到他，对他说："放心，我再写一首歌让你红。"

患难之时，李宗盛拔刀相助，赵传感激涕零，他又回到了滚石唱片。这一次，李宗盛为他创作了《我是一只小小鸟》："有时候我觉得自己像一只小小鸟，想要飞却怎么样也飞不高，也许有一天我栖上了枝头，却成为猎人的目标，我飞上了青天才发现自己从此无依无靠。每次到了夜深人静的时候，我总是睡不着，我怀疑是不是只有我的明天没有变得更好，未来会怎样，究竟有谁会知道，幸福是否只是一种传说，我永远都找不到……"

这张专辑面世后，赵传再次大火，当天就销售了两万张，这首歌也成为他经典中的经典，至今仍是许多人在KTV必点的歌曲之一。

对于敏感脆弱的都市人来说，他们每天过着忙碌而又身心俱疲的生活，压力可想而知，因此，这首歌刚一出来，就成为他们的知音，成为治愈系歌曲。而对于赵传来说，"我飞上了枝头，却成为猎人的目标"，又是当时他生活的真实写照。李宗盛对人生厚重的思考，让他的歌有了独特的哲理魅力，他写出了无数小人物内心的呐喊、心酸和迷茫，也感动了无数人。

在滚石，李宗盛是跟赵传合作最多的人，也为他写了很多脍炙人口的好歌，正因为李宗盛的帮助，赵传才从一个普通的歌手，在短短几年内迅速成为当红歌手。

赵传在舞台上的表演霸气侧漏，带着点放荡不羁、志得意满的感觉，但在内心深处，他却是另一种人，有一次，他向李宗盛坦露了心迹，他说："大哥，我并没有想要当英雄，在舞台上张狂，我无非是想满足自己心里面一点点小小的虚荣心。但我私底下还是一个看起来像是一般人一样的人。"

李宗盛听完他的心声后，感动不已，他知道了，面前这个倔强固执的外表粗糙的男人，其实内心却是如此的温柔与脆弱，往后，他对赵传就更加倾心相助了。两人成了铁杆兄弟。

2004年4月18日，赵传在北京首都体育馆举行演唱会时，第一位邀请的嘉宾就是恩人李宗盛，值得玩味的是，当时李宗盛的妻子林忆莲也随之于5月1日在北京开唱，一位是多年好友，另一位是自己的亲密太太，对谁来说，这都是一个艰难的选择。但令人没有想到的是，李宗盛最终选择了“重友轻色”，他不仅冒着被老婆“骂”的危险，还以零报酬参加了赵传的演唱会，在当时也传为了佳话。

人生就像一杯茶，苦只会是一阵子，不会是一辈子。1996年，赵传离开娱乐圈，选择在上海定居结婚，与滚石的签约也彻底结束。作为见证滚石辉煌时期的当年一个响当当的歌手，赵传在谈及滚石30周年庆典没有邀请自己时，他有些忧伤地说：“其实从相爱到相怨，我觉得人生最痛苦的一件事，曾经我们是那么的相爱，但是到最后是……还好不是兵戎相见，付诸法律来处理这些事是很感慨的，后来我想起跟滚石的这段感情，总觉得好像有点自作多情，好像别人没有那么爱你。但，李宗盛却是对我帮助最大的人，也是我最感激的人。”

谈及自己最喜欢的歌手，赵传每次都会说出两个名字，一个是张信哲，另一个就是李宗盛，他认为李宗盛唱起自己创作的歌曲来，比谁都好听。

辛晓琪：领悟

一首歌可以改变一个歌手的命运，这对在娱乐圈摸爬滚打许多年仍旧没能泛起一点波澜的人来说也许是天方夜谭，但对李宗盛来说，却是轻而易举，在他的帮助下，因为一首歌而爆红的歌手不在少数。前面讲过的赵传、周华健、陈淑桦、梁静茹都是在他的帮助下挣脱了人生低谷，迎来了事业的辉煌，辛晓琪也不例外。

辛晓琪出生于台中丰原区，1987年加入福茂唱片后，连出了三张专辑，但却都叫好不叫座，她始终没能红起来。眼看着同龄的歌手有的已经功成名就，有的回家生孩子，过着幸福的家庭生活，而自己却惶惶不可终日，处在一个非常尴尬的位置。那段时间，她心里别提多苦闷了，整天一蹶不振，甚至萌生了退意。

有一天，李宗盛无意中在电台里听到了辛晓琪演唱的《自私》和《花时间》，他被深深地打动了，于是立即打电话给福茂唱片说："这张是我今年听到的最好听的唱片！"在他的引荐下，辛晓琪如遇伯乐，欣然投奔到了滚石唱片公司。

在与李宗盛一面之缘后，辛晓琪与他之间并没有太多交集。与滚石签约的前两年，她也没有出什么新的专辑。其实，李宗盛并没有忘了她，他一直在用心地观察她、了解她，并努力思索该为她创作一首怎样的歌。

恰逢那时，辛晓琪失恋了，她谈了十多年的男朋友在跟她结婚一年后，竟然出人意料地出轨了，辛晓琪深受打击，主动选择了离婚，她每天都躲起来痛哭流涕。

李宗盛知道辛晓琪心情不好，但他并没有问为什么，他深知，某些时候，别人不想说出口的痛楚，外人便应该学会尊重。他把自己创作的《领悟》拿给了辛晓琪，并有些歉意地对她说："对不起，让你等这么久，但我觉得这首歌不会红。"

辛晓琪一听，心里顿时凉了半截，她心里暗暗思忖，如果这首歌仍然不能红的话，那就是她注定没有红的命，她唱完后就干脆回家做钢琴教师算了。但她很有礼貌地对李宗盛说："没关系，我尽力唱好就是。"

拿着李宗盛给她的简谱，试着哼出来，不成调的旋律让辛晓琪彻底死了心，连她自己都觉得肯定不可能红了，她的内心已经做好退出娱乐圈的准备。

据称，当时滚石的老板拿着DEMO（样本唱片，全书同）给成龙看，成龙看完后也觉得肯定不会红，甚至开玩笑地说："如果这首歌也能红的话，我就把头砍下来给你。"

但令人万万没有想到的是，《领悟》出来后，爆红的程度简直让人难以想象，它创下了一天就销售超过两万张的纪录，当年也大卖了五十万张！辛晓琪也因这首歌彻底翻了身。

在拍摄这首歌的MV（Music Video，音乐短片，全书同）时，事业和感情双重受挫的辛晓琪边唱边哭，她哭得梨花带雨，在镜头前痛苦难看的样子实在丑极了，以至于唱片公司内部开会讨论时竟分成了两派，彼此之间吵得不可开交。反对派认为一个女歌手，哭的样子太丑了，不适合播出。而坚持派则认为，她的反应很真实，很感人，歌曲融合了她的感情，她把歌词演绎得十分到位。双方激烈争吵，甚至于互相拍桌子。

回忆当初的情景，辛晓琪不无激动地说，虽然她是李宗盛的徒弟，可是却好像是他的克星一样，录制《领悟》一个月，常常是录到一半，她就忍不住蹲到角落里痛哭，李宗盛只好带她到另一个录音室重新录。她说，李宗盛是那种工作时非常严肃可怕的人，他对工作的精益求精是出了名的，可是她比他更严肃。所以，到后来，李宗盛还反过来逗她笑。

录制完这首歌，辛晓琪也把李宗盛吓坏了，她完全唱出了那种痛彻心扉的感觉。李宗盛说，如果换成别人，绝对是无法唱出辛晓琪这种感觉的，她唱得是最好的，无人可以超越！

提到当时哭成那样，辛晓琪说，她并没有告诉过李宗盛自己当时的心情，他只是知道她不开心，但他写的这首歌，却正好碰对了她的心事。一首歌，两个人恰到好处的心灵碰撞，这首歌不红都奇怪！

其实，它何止是碰对了辛晓琪的心事？这首歌也让林忆莲“心领神会”。据说，《领悟》出来后，有人抄写了这首歌的歌词，跑去拿给林忆莲看，在还没听曲调的情况下，林忆莲就已经泪流满面了。她怎么会体会不到李宗盛在借这首歌排遣他自己内心的忧郁呢？

“我以为我会哭，但是我没有，我只是怔怔望着你的脚步，给你我最后的祝福。这何尝不是一种领悟？让我把自己看清楚，虽然那无爱的痛苦，将日日夜夜在我灵魂最深处。我以为我会报复，但是我没有，当我看到我深爱过的男人，竟然像孩子一样无助，这何尝不是一种领悟？让你把自己看清楚，被爱是奢侈的幸福，可惜你从来不在乎，啊，一段感情就此结束，啊，一颗心眼看要荒芜，我们的爱若是错误，愿你我没有白白受苦……”

其实，这首歌正是当时李宗盛跟朱卫茵婚姻的一个写照，也是他写给前妻朱卫茵的。

1994年，李宗盛开演唱会，林忆莲作为嘉宾出席，朱卫茵就坐在台下，台上的他强颜欢笑，他内心无比痛苦，她们俩也痛苦万分。而不明情况的人，却不时站在台上对着朱卫茵笑着喊“大嫂”，拿她开一些玩笑，她微微点头，微笑着，但是心里却非常清楚，她与李宗盛的这段婚姻早就名存实亡了。

但作为妻子，谁愿意轻易服输呢？当时，朱卫茵并不愿意主动退出，她无法释怀他们三人之间的挣扎，也不愿承认自己是这段婚姻中的失败者，她忍着不哭、不闹，以为那样的话，李宗盛就会回家。

何止是她痛苦？李宗盛当时承受的压力比谁都大！离婚，他就是渣男！不离，他们三个都陷入痛苦中久久无法自拔。必须有一个人做出抉择，他是男人，他必须主动承担一切！他深知后果会如洪水猛兽，让人一时无法适应，但他没办法，他没有选择。如果没有爱了，婚姻对他们来说，岂不是相互折磨吗？他不愿折磨朱卫茵，同样也不希望朱卫茵折磨她自己！

当时的他们，没有爱没有恨也没有争吵，婚姻正处于一个一潭死水的状态，他们彼此之间只剩下难以割舍的亲情和沉默，想要分手，却谁也不肯先开口伤害对方，但不分手，彼此又都非常难受，这样纠结下去，对谁都没有好处。

《领悟》，它何止只是一首歌？它关系着李宗盛、朱卫茵、林忆莲，以及辛晓琪他们每一个人的陈年旧痛，他们强烈压抑着，使它就像一根弦，稍微触碰就无法收拾，岁月更替却依然历久弥新！

后来，音乐人林可回忆说：“晓琪每次在演唱会上素来没有圆满地唱完这首歌，总是唱到一半就哭，只好交给台下的人唱。直到这场演唱会，她把这首歌从头到尾一气呵成。”

当年已过，回忆成了泡影，虽然她早已经释怀，但每次唱到这首歌，却好像又回到了从前，那种记忆是永远无法磨灭的。

这首歌让辛晓琪成为疗伤情歌天后，自此，她的事业也开始一帆风顺，她有了更多的自主权，但她说：“是李宗盛改变了我一生。不管40年，还是50年，只要滚石召唤，我会随时回家！”

居里夫人说：“不管一个人取得多么值得骄傲的成绩，都应该饮水思源，应该记住是自己的老师为他们的成长播下了最初的种子。”人的一生中，不可避免地会遭遇一些触碰不到的瓶颈，挽回不了的遗憾，忘不了的爱，甚至无法磨灭的回忆，但奔流在内心的凝视，只要不熄灭，总有一天还是会迎来无可比拟的华彩，会有那么一个人，在你唉声叹气之时，悄悄地关注着你，为你重新洗礼生命中的每一天。

李宗盛之于辛晓琪，就是这样的存在。她对他的那份情，已经无法用言语来形容，只有啜泣的歌声，印证了他们之间的无须言说的默契。

张信哲：爱如潮水

前文中提到李宗盛量身打造歌星的事实已经屡见不鲜，情歌王子张信哲也是靠着他写的《爱如潮水》这首歌而奠定了自己歌坛地位的，但他的走红却是一个意外，这首歌并不是李宗盛为张信哲专门定制的。

在滚石，当时女有潘越云，男有周华健和赵传，男歌星都是硬朗派，他们的歌声充满阳刚之气，而张信哲的声音却偏阴柔，再加上那时他还年轻，才从学校毕业没多久，当时李宗盛的歌大多适合成熟男人，因此张信哲并没有怎么被李宗盛注意到。

特别值得一提的是，张信哲在面试滚石唱片的时候，由于不善言辞，而且青涩无比，跟滚石的氛围有点不相符。因此，最后他进入了滚石的子公司巨石，在那里做了一名助理。

张信哲这个助理是干什么的呢？就是跑跑腿，帮别人买盒饭、买香烟、槟榔、饮料什么的，就是个闲杂工。但即使只是个闲杂工，张信哲的命运也比王杰、张雨生、邰正宵好多了，至少他有机会跟那些比较红的歌星亲密接触，而像王杰他们则比较倒霉，面试时直接被滚石拒绝。

在滚石待了几年，张信哲有些熬不下去了，萌生了退出的念头，就在他想要放弃的时候，机会却从天而降。滚石最卖座的天后潘越云要出一张与十个男歌手合唱的专辑，由于人数不够，公司便把张信哲也拉了进来，那首与潘越云合唱的《你是唯一》，让滚石唱片的高层发现了张信哲的潜力，等他服完兵役后，公司就给他出了一张专辑《知道》，虽然销量还算可以，但距离大红大紫还有很大一段距离。

彼时，滚石的老对手飞碟唱片正在主推青春型歌手周传雄、张雨生等，他们也是刚刚服完兵役，并且都是创作型歌手，实力都比较强大。滚石此时决定押宝张信哲与之对标，而张信哲并非创作型歌手，因此，公司派出制作水平最强的李宗盛亲自出马。

李宗盛当时有一首自认为大俗特俗的歌曲，而滚石当时的男歌手都是硬汉，个个都很爷们儿，李宗盛思考，周华健是乐天开朗型，赵传是实力硬汉声嘶力竭型，他们都不适合这首歌，思前想后，最终他把这首歌交给了张信哲。

就是这样一次无心之举，却让张信哲一举成为情歌王子的代言人，他的音乐生涯从此崛起。

"我再也不愿见你在深夜里买醉，不愿别的男人见识你的妩媚，你该知道这样会让我心碎，答应我你从此不在深夜里徘徊，不要轻易尝试放纵的滋味，你可知道这样会让我心碎，既然爱了就无怨无悔，再多的苦我也愿意背，我的爱如潮水，爱如潮水将我向你推，紧紧跟随，爱如潮水，它将你我包围，我再也不愿见你在深夜里买醉……"

录制这首歌时，正逢张信哲胃食道逆流导致声带长息肉，医生甚至告诉他并没有完全把握能让他恢复到从前一样的声音。而当时李宗盛希望演唱这首歌的声音是一个历尽沧桑、老灵魂男人的内心独白，但同时又要保持自己的纯真。这让张信哲为难极了，他甚至想，如果医生开完刀后声音无法恢复到从前的话，只要不变成哑巴，干脆就转型走赵传那样的路线吧，于是非常耐心地配合李宗盛的要求，为了这首歌，他们两个人在录音棚里整整待了一个礼拜，张信哲从晚上练习到天亮，而李宗盛则一遍又一遍地予以指正。

最终，张信哲用清澈干净又婉转细腻哀怨的声音，将一个受伤男人的懦弱、痴情、悲伤的感觉演绎得淋漓尽致，恰如其分地表达出了这首歌的意蕴。李宗盛听完后，微微点点头，他为自己终于找到了张信哲的定位而感到开心。

没有让李宗盛失望，这首歌在推出一段时间后忽然爆红，有次张信哲坐公交车，司机对他说，“哎，你的歌实在太好听了！”他才意识到自己红了，他激动地打电话告诉李宗盛，李宗盛很是欣慰，他们甚至都没想到，这首歌火到现在，整整三十多年。

之后，李宗盛又为张信哲量身打造了诸多歌曲，《别怕我伤心》《我是真的爱你》《爱不留》《王子公主》《让我忘记你的脸》《阿福》《相信相依》《要你亲口对我说》《临别一眼》等，更是请来刘嘉玲与他对唱《我对你有一点动心》，制作这些歌曲时，李宗盛精益求精，付出了常人无法想象的努力，再加上张信哲的倾情演绎，最终都成了脍炙人口的歌曲。

“唱红了一首歌可以够吃一辈子，他唱红了这么多首歌，应该吃几辈子”，这是音乐界对张信哲的评价，可见他是多么的幸运，但谁说这些幸运不是李宗盛带给他的呢？

评价张信哲的歌，李宗盛自谦地说：“阿哲是永远的白马王子，他的声音干净清澈，我的版本是老干葱版本。”其实，两人的歌声各有韵味，倘若当年李宗盛自己唱这首歌，或许也就没有后来张信哲的如日中天了。

之后，他们成了莫逆之交，有段时间，李宗盛为张信哲录歌，张信哲就住到他在美国的家里。那时，李宗盛的太太林忆莲每天都给他准备很多好吃的，张信哲甚至把他家的果酱都吃光了。

虽然两人私交甚好，但创作歌曲的时候却又非常严格较真，毫无“情分”可言。接受媒体采访时，张信哲直言不讳：“很多人在录音棚里都曾跟他翻过脸，记得我在录《相信相依》时感觉自己很受伤，甚至怀疑自己真的不会唱歌了，但又不敢翻脸……”

而李宗盛则冲出录音棚，他一脸诚恳地对张信哲说：“你现在赶快骂我，跟我翻脸，我们现在吵翻天都无所谓，但最主要的是，结果是一个好的录音的成品，因为录的歌曲一旦被刻成CD，之后就会永远存在，包括不完美的东西，就再也不能更改！”

这也让张信哲非常感动，那种心情格外复杂，既有战战兢兢、忐忑不安，又夹杂着深切的理解与感激。提及这段历程，张信哲用了“崩溃”这个词，成名后，他深有感悟地说：“大哥是那种在录音棚里非常严格的人，他虽然不讲，但是后来我了解的，他会在录音棚里训练到一个自然反射的唱法，就是我离开这个录音棚，我只要拿到麦克风，一开口就会自然反射，唱出来的东西就是录音棚的水准，这是他要求的，虽然他一遍一遍地要求，一遍一遍地修正，但是其实在他心里面早就想好他要用哪一些了，其他的时间就是在训练你，在这边你唱不好，出去你就别唱了。”

正因为李宗盛的严格要求，张信哲才在音乐上有了质的突破，他也是唯一一个没跟李宗盛吵过架的人。

正相反，张信哲被李宗盛的执着精神深深地打动，并从他身上获得了启发，以后在音乐的道路上不惜与公司“对抗”，不求销量，也要讲究品质。后来他自己成立了潮水音乐工作室，继续在乐坛发力，紧接着又唱红了《过火》《信仰》等情歌，他的低沉、沙哑的声音也使他成了华人地区家喻户晓的歌

[illegible]更成了一代人的回忆。

真正的朋友不一定要时时刻刻聚在一起，但偶然的相逢却能让人惊喜万分。2018年“让幸福照亮你”江苏卫视跨年演唱会上，张信哲和恩师李宗盛意外重逢，师徒相见激动万分，两人脸上立即荡起了笑容，动情地拥抱在一起。

“没有李宗盛，就没有张信哲的今天”，面对媒体，张信哲十分诚恳地感谢着自己的“大哥”，对于他的栽培，他一直铭记在心。

两人在后台更是开启了话匣子，滔滔不绝地叙旧，光阴似箭，情感不变，点点滴滴都是生命中最美好的难以忘怀的点缀。他们不仅聊音乐，还聊共同感兴趣的红酒，更是相约回到台湾后，一定要办个红酒趴。

曹雪芹说过，“万两黄金容易得，知心一个也难求”，悠悠岁月里，好的朋友就像绮丽美好的风景画，在风雨飘摇的道路上，他会适时出现，会给予你生命中最难能可贵的相助、提携，让你的才华在他的慧眼栽培下更上一层楼，让你因为他的指引而学会成长，找到并展示突然的自我，让那个优秀的自己熠熠闪光。好的就像一杯咖啡里放着的那颗糖，他的出现就是你的奇迹。

对张信哲来说，亦师亦友的李宗盛，就是那个最了解他的人，是他人生中不可或缺的美丽。

莫文蔚：阴天

莫文蔚大概是滚石旗下最幸运的歌手，她是唯一一个可以在李宗盛的监督下随心所欲地演唱，并且能在他的帮助下，不断挖掘自身潜在的特点和潜力的女歌手，李宗盛给了她在音乐上最大的启发和包容。他对她的意义不言而喻，每次演唱会，她都会说："没有碰到他，我不可能站在今天的舞台上。"

用李宗盛的话说："因为是莫文蔚找我，所以我一点都没有犹豫就来了。我的创作生涯中给很多女歌手写过歌，没有一个像莫文蔚这么'无动于衷'的。"他甚至开玩笑地说，"给莫文蔚写《阴天》，后来又打造了《十二楼的莫文蔚》整张专辑，她会激发制作人的很多可能。"他们之间的惺惺相惜，非同一般！

她是公认的性感女神，从小在西方长大，有健康爽朗的性格，也有独特的曲风和气质。从小，她接触的都是一些西方歌曲，国语歌曲也只有受妈妈影响，听得最多的只有邓丽君和齐豫，1990年初她回到香港时出的第一张专辑《Karen 莫文蔚》也不是国语歌，之后就被周星驰看中，去拍了那部人人皆知的电影《大话西游》，可以说，莫文蔚的电影事业比乐坛成绩要好得多。

那时候她比较年轻，对一切都感到新鲜。拍电影时，周星驰每天骑着自行车，吴孟达每天叫着“拍电影好辛苦”，但莫文蔚就天天嘻嘻哈哈，一副乐天派无忧无虑小女子形象，即使当时在荒野拍摄，她也能开心得欢蹦乱跳、手舞足蹈，甚至站在远处看别人放羊。

她的好性格受到了周星驰和卢冠廷的喜爱，知道她出过音乐专辑，电影的插曲就留给了她来唱。莫文蔚与卢冠廷的合作很默契，他对她的唱功也很欣赏，有一天，他忽然对她说：“不如这样吧，我把你介绍给滚石，看看你们有没有合作机会。”

要知道当时在华语乐坛，滚石可是响当当的造星公司，能成为其旗下歌手，那就意味着成为天王天后指日可待，对刚出道的莫文蔚来说，简直是天上掉下来的馅饼。

之后，在卢冠廷的介绍下，滚石公司老板三毛派出了金牌制作人李宗盛来面试，只要李宗盛点头，莫文蔚就可以顺利进入滚石了。莫文蔚至今都还记得面试那天的情景，李宗盛戴着一顶帽子，一直低着头，好像根本就没有看她一眼。他问了两个问题后就走了，留下莫文蔚在那里莫名其妙。当时她觉得李宗盛真是一个特别奇怪的人，以为自己肯定没戏了，因为他没有提问与音乐有关的任何理论知识，也没有露出半丝笑容。

但是没多久，李宗盛打来电话告诉莫文蔚，她可以签约了。当时莫文蔚的心情真是激动极了，更令她兴奋无比的是，李宗盛给了她一首《阴天》：“阴天，在不开灯的房间，当所有思绪都一点一点沉淀，爱情究竟是精神鸦片，还是世纪末的无聊消遣，香烟，氲成一滩光圈，和他的照片就摆在手边，傻傻两个人，笑得多甜，开始总是分分钟都妙不可言，谁都以为热情它永不会减，除了激情褪去后的那一点点倦，也许像谁说过的贪得无厌，活该应了谁说过的不知检点，总之那几年，感性赢了理性的那一面……回想那一天，喧闹的喜宴，耳边响起的究竟是序曲或完结篇，感情不就是你情我愿，最好爱恨扯平两不相欠，感情说穿了，一人挣脱的，一人去捡。男人大可不必百口莫辩，女人实在无须楚楚可怜，总之那几年，你们两个没有缘……”

这首歌词栩栩如生地描述了一个在婚姻中患得患失的人的全部思绪，结婚时的甜蜜，在若干年后，会不会一如既往？会不会很快就有彼此厌倦的那一天？这面婚姻的镜子，在表面的甜蜜中，反射出的却是深深的叹息。其实，这也是当时李宗盛自己婚姻的写照。

据传，这首歌正是当年李宗盛第一次婚变后，为了躲避狗仔，在东京一间半山小屋里，透过窗外景象有感而写。也有说是李宗盛同林忆莲在加拿大结婚当日，他忽然多愁善感，记下的心灵足迹。不论是哪一种版本，当时的他在创作这首歌时，肯定是忧郁而惆怅的。

正如他的担忧一样，最初的激情渐渐褪去，到头来，两个相爱的人只好无力地承认，他们再也无法继续走下去。与林忆莲的这段婚姻，对李宗盛来说是最痛楚的存在，他把这种不愿与人倾诉的隐痛统统写在了这首歌里。这种看破红尘似的冷眼旁观，在莫文蔚的跌宕起伏的声音中，找到了最好的诠释。

当莫文蔚颔首低眉间轻轻吟唱“爱情究竟是精神鸦片，还是世纪末的无聊消遣”时，她低哑深沉慵懒的声音，为自己迎来了“听过万千歌曲疗伤，都不及这一曲穿肠”的赞誉。

一曲成名后，李宗盛又为莫文蔚倾力打造了专辑《十二楼的莫文蔚》，他说：“碰到她后，让我对女性有了新的认识，她会激发制作人的很多可能。”凭借这首专辑，李宗盛夺得了当年中国台湾地区金曲奖最佳专辑制作人的美誉，而莫文蔚也因其中一首《寂寞的恋人啊》奠定了自己独特的唱歌风格。

成名后，莫文蔚经历过失恋的痛苦阶段，相恋九年的男友冯德伦爱上了别人，她与他被迫分手，再演唱这些歌曲时，她对歌词的把握已经能够完全领悟，每一次演唱，都会有不同的体会，原来那些歌词背后很多的小细节，到了人生的不同阶段，忽然就会滋生出很深的感触，那些呼之欲出的感情，经历岁月的沉淀，终于变得心照不宣。

之所以能将都市人的情感分寸拿捏得如此准确、扣人心弦、引人共鸣，除了自身丰富的经历和感受外，也得益于李宗盛对创作之外的用心：他会潜心研究女歌手的个性、脾气、爱好，甚至连她们喜欢的香水都了如指掌。

在李宗盛心目中，莫文蔚就是那个理智、充满个性的性感都市女子，她外表乐观坚强，但她同样隐着痛去寻找自己的那份爱，固执的、乐观的，并且充满着期待的。

他也特别欣赏莫文蔚，制作《十二楼》这首歌时，他说："在这个歌里，制作人只是配角，关键是莫文蔚是个演员，而演员能给他很多想象。因为演员特别聪明，一个好的演员，导演给她讲戏，她需要从对白中去揣摩那个角色，所以当跟她讲这个歌词的时候，讲的是这首歌想要表达的那个女人，最后她传达得很细腻。"

李宗盛的词精彩，莫文蔚的演唱也精彩，她为他的歌打上了一层印记，它不仅属于李宗盛，也同样属于莫文蔚。不论是失恋的女子娓娓道来自己的故事，还是黯然神伤后的呢喃自语，抑或演绎别人的一层一层的心结，因为懂得那种疼，明白那份深沉的痛，因此才能顺畅无比地演绎，达到双方均很满意的程度。

在莫文蔚离开滚石时，滚石也没有像某些公司在最后一刻为了某种目的而榨取歌手的剩余价值，而是依然以非常虔诚而认真的态度对待她。李宗盛更是严格把关、包揽了莫文蔚专辑中十首歌的七首歌词，分别之际，对她的重视程度，依然如故。

“你走进回忆，遇见另一个自己，告诉你，伤心其实合理，走进回忆，走进问题，才能走出伤心，痛是因为爱还有力气，每次，当爱与爱交会，对谁都是一种冒险，只是赢的人幸福，输的人啊憔悴，我走进回忆，去见另一个自己……”这样的歌词水平，使得莫文蔚的歌曲即使在香港市场被边缘化，在台湾地区和大陆地区也能骄傲自豪地拥有超高的人气和口碑。对她来言，这何尝不是一种幸福?

后来，在一次采访中，李宗盛如实全招：之所以肯写出《十二楼》这样寂寞感十足又十分撩人的歌，全赖他身体里的荷尔蒙作祟，他当年完全是为表达欲望而写的这首歌，那是因为莫文蔚实在是太性感了，他因此而感到相当得意。

性感的莫文蔚在自己的演唱会上也总是会以性感示人，让歌迷大饱耳福的同时也大饱眼福，舞台上，她与男嘉宾火辣上演“亲密接触”，但当主持人提问“有没有男嘉宾是你害羞而不敢碰的”时，她会不假思索地回答：“李宗盛。”

“别人都还好，因为大家都很熟悉所以才邀请的，但是对李宗盛有点特别，因为他是长辈，下意识里有点怕，对他太尊敬了，而且怕被他骂，所以每次去给他当嘉宾的时候，我唱完了走下台就会发现，自己连一个拥抱都没敢给他，更别说别的了。”看来，这两人也真是彼此错了意而深感遗憾!

不过即使“怕”他，他还是为她缔造了全盛辉煌的音乐生涯，每次提到李宗盛，莫文蔚总是会感慨万分：“他怎么可以把女人的心情写得那样丝丝入扣？与他合作，我把所有先入为主的想法全部都抛弃，把自己的音乐完整地交给他来呈现，我很信任他，用最直接的方式去录音，没有想好什么，完全是一张白纸。我从不特别去问他这个歌大概写什么，我认为我看得懂，每次拿到他的歌词，我就有这个画面了。”

这或许就叫作沉默的欣赏吧。无须太多沟通，但早已一切尽在不言中。

2014年，在李宗盛的《还是做个大叔好》的演唱会上，他唱起《阴天》这首歌时忽然垂下头去，鲜见哽咽了几分钟。虽然之后在采访中一再强调是因为前一天吃得太饱，但这个理由显然不够充分，几乎所有人都认为他是情绪满溢，想起了自己曾经的爱情故事。

爱情，不仅对女人，对男人来说，也是一种考验、一种神伤，没有一个离婚的人，可以不需要调整就能潇洒地走出来。

提及两次离婚的经历，李宗盛自我陈述，“自己记录不太好”，那淡淡的忧伤，骗得了谁呢？

还有更有力的证据，那就是他从来不喜欢参加喜宴，“回想那一天喧闹的喜宴，究竟是序曲还是完结篇”，这才是他最真实的心情写照吧。

“越是相爱的两个人，越是容易让彼此疼。疲惫了，放手了，不值得，不要了”，李宗盛把点睛之笔几乎都毫无保留地馈赠给了莫文蔚，经历过感情挫败的莫文蔚，对爱情依然充满期待，她不甘心、不服气。后来，幸运的她四十岁时，在意大利竟意外邂逅了自己的初恋男友，并与他走进了婚姻的殿堂。

同时，她带着自己的成名曲《阴天》《寂寞的恋人啊》《忽然之间》等歌曲，成了首位在意大利米兰及西班牙马德里开个唱（个人演唱会）的华人女歌手。

2016年，被采访时，莫文蔚感慨万分地说：“几年之前有一次在北京和李宗盛大哥遇见，他对我说还有‘想法’，我也一直在期待与他再有新的合作，希望那一天赶紧来到啊！”

五月天：知遇之恩

“晚风吻尽荷花叶，任我醉倒在池边”，唱出这样温柔句子，让人沉迷其中、欲罢不能的组合就是号称亚洲最强组合的五月天［怪兽（温尚翊）、阿信（陈信宏）、石头（石锦航）、玛莎（蔡升晏）、冠佑（刘谚明）］了，从1997年《第一张创作专辑》到现在，五月天已经“成军”二十多个年头，开过的演唱会可谓不计其数，并且从未爆冷过，场场爆满，一次又一次创造票房的奇迹。

一路成长，除了依赖五个均已年过四十的男人的不懈努力外，还离不开一个人的提携与帮助，他就是李宗盛。提及入道之路，五月天至今仍感激不已，与恩师李宗盛的互动也从未间断过，点滴之恩涌泉回报，他们也会有意帮忙宣传师傅提携的新人。

那还是1998年，五月天还是五位在校园唱着原创歌曲的毛头小子，五个人因为有共同的音乐梦想，加上性格相投，就自主创建了组合。虽然在校园还比较受欢迎，但走出校园大门，他们就像落在大海中的小石子一样，迅速消失得无影无踪。

为了坚持自己的音乐梦想，五个人以同仇敌忾似的决心坚守在追寻音乐的道路上，他们并不甘心在音乐的河流中，还未惊起一丝涟漪就先陷入沉寂。为此，五个小伙子想了很多毛遂自荐的办法，由成员之一玛莎骑着自行车，挨个找音乐公司投唱片。

但那个年代，怀揣音乐梦想的年轻人在大街小巷实在是随处可见，所以，很多音乐公司对他们的态度都是如出一辙：将毛遂自荐的信当作垃圾一样随手扔进垃圾桶。

五个人也深知机会渺茫，甚至都没抱有任何希望。但他们并没有放弃哪怕一丝丝希望，主唱阿信在他们制作的专辑《志明与春娇》的背面写上了一句话："麻烦请先听完再扔掉！"谁也没料到，正是这句话，触动了李宗盛的心弦，挽救了他们的命运。

当时，他们将专辑寄给滚石公司，信封上写着"唱片制作人收"，滚石公司的前台服务人员看到后心想，整个公司里唱片制作人太多了，他都不知道该给谁，于是随手一扔，五月天的信就落到了垃圾桶里。

巧的是，这封信件正好是背面朝上，更巧的是，那天正好是李宗盛值班。李宗盛鬼使神差地看到了这封被遗弃的信件，就饶有兴趣地拿走听了听，他觉得还算不错，再看看里面还有一封简单的自我介绍信，并且还预留了电话号码，就立即打了过去。

接电话的人是怪兽（温尚翊），对方开头第一句就是"我是李宗盛"，怪兽心想，这一定是朋友跟他搞的恶作剧，张口就说道："你是李宗盛？我还罗大佑咧！"然后不假思索地挂掉了电话！

幸亏李宗盛惜才，他并不以为意，再次打来电话，他态度严肃认真地再次强调自己是李宗盛，此时，怪兽才意识到自己错了，他们真的中大奖了！

这个电话对几个年轻人来说，是多么的鼓舞啊！他们激动得浑身乱颤，话都不知道该怎么说，小心地挂了电话后，忍不住一蹦三尺高，激动得差点哭出来。

就这样，五月天在李宗盛的引荐下，顺利加入了滚石唱片公司，他们的乐坛之路开始起航。这之后，李宗盛的慧眼识英雄，成就了他们音乐道路的灿烂辉煌。

李宗盛的力推加上耐心打磨，让五月天这块璞玉渐渐地显露出了他们的才华，也很快从竞争激烈的华语乐坛脱颖而出，成了华语乐坛第一组合。

多年后，五月天回忆当年的情景仍感激不尽地说："当年我们没人脉也没方法，全靠着玛莎骑着自行车一间一间唱片公司去送DEMO，很幸运落到了大哥手中，如果没有他，也不会有现在的五月天！"

迎来春天的人，从来缺不了伯乐，何况李宗盛是一流金牌制作人，他推谁谁就会红，这几乎是华语音乐圈公认的真理！五月天感到更幸运和感激的是，李宗盛对他们的创作从不横加干涉，而是由着他们自由发挥，给他们足够的空间，蠢蠢欲动的小伙子们才得以张扬个性，肆意发挥自己的潜质。

还有令五月天感激难忘的是，2004年，他们五个人发生了很多事，有的人脚伤了，有的人母亲过世了，组合正处于混乱状态时，李宗盛对他们语重心长地说："你们永远不要散！"正是这句话，一直激励着他们互帮互助，互相支撑。

组合以来，从演唱会只有几百人之多，到后来的二十多万人一票难求，五月天先后在台湾小巨蛋、香港红磡、北京工人体育馆、北京鸟巢、上海八万人体育场，一路唱到纽约麦迪逊花园广场，成为中国台湾地区演唱会史上门票卖得最快的组合。2016年，更是在鸟巢连开三场演唱会，聚集了三十多万人，现场火爆，精彩纷呈，几乎每首歌都能引起大合唱，打破了演唱会票房传奇，被称为"演唱会之王"。

在第23届中国台湾地区金曲奖提名七项大奖抱回六座奖杯时，连香港著名歌手陈奕迅都不无敬佩地说：“如果大家叫我歌神，那么五月天就是一个宗教！”

徒弟如此成功，李宗盛也不无骄傲，他说：“五月天是华语乐坛有史以来最成功的乐队。”但他同时不忘继续激励他们，“但我更希望你们成为伟大的乐队，只有你们才可以超越自己！”

懂得感恩的五月天，每次开演唱会都会邀请自己的恩师李宗盛莅临，而李宗盛的每次到场，也会让现场嗨翻天。

2014—2016年，五月天接连在欧洲开展巡回演唱会，他们也成为横跨欧、美、亚三大洲最成功的华人第一天团，而李宗盛更是次次现场助阵，不时惊喜探班，甚至还亲自录制VCR，他开玩笑地说：“在音乐面前，人人平等，作为行业前辈，在面对新人的热血时，能够静下心来聆听，不要以为自己很厉害，当你觉得自己没有很厉害的时候，你就会发现他们很厉害。这些年，我倒没有关心五月天有什么变化，而是比较‘担心’他们，会偷偷问公司，他们有没有散团或者吵架。”

这就是李宗盛，永远细腻、体贴、温馨，对别人关怀备至的大哥！听他一席话，五月天泪眼花花、感激涕零。

为了活跃现场气氛，李宗盛还会主动助唱，并幽默地说：“不确定我的歌大家会不会唱，我也来一首好吗？”

而当他唱起《山丘》和《凡人歌》等耳熟能详的歌曲时，一定会引起全场大合唱。对此，阿信颇为幽默地说自己感到危机重重，他笑着说：“有些人很霸道，霸占整个青春期，五月天至今还是离不开他的音乐，刚合唱的声音大到好像是李宗盛演唱会，五月天只是暖场。”

阿信更是自嘲，他说：“我感到了一些威胁！这次专辑是大家全体创作的结果，而且要命的是这里面我最喜欢的歌却不是我自己写的。”

能与李宗盛合唱《凡人歌》和《山丘》，对五月天来说，倍感荣幸。

2017年，五月天创作了四年的新专辑《自传》在北京工人体育馆内揭开了神秘面纱，李宗盛再次现身。他笑眯眯地对歌迷说："谢谢大家跟我眼光一样好，喜欢五月天。"

同时，他不无欣慰地说，"这么多年，我见证了五月天的成长，很高兴的是，我觉得五月天变小了，这个圈子很浮躁，有些歌手一次成功就不知道自己从哪里来，而五月天不仅没有浮躁，却变得越来越谦虚，这点跟我很像。"

在李宗盛讲话的时候，五月天每个人都像是"孩子被训话一样"一排站好，乖乖的样子着实惹人"怜爱"，他们异口同声地说，一定会把大哥的话当成教条一样铭记于心。

五月天也会拿实际行动践行大哥的教诲，每次演唱会结束，他们都会把所有收入拿出一部分来，捐赠给中国儿童少年基金会，用于"助学行动""成才计划""就业行动""护蕾行动"等项目，李宗盛也倍感欣慰，他认为这样做是很值得推广和提倡的，这也体现了音乐人的精神。

在李宗盛自己的活动中，他也会同五月天说一些推心置腹的心里话，比如2015年的那次《上海简单生活分享会》，李宗盛以前辈的身份对玛莎（蔡升晏）说：

"现在整个社会都在讨好年轻人，鼓励你们，都怕得罪年轻人，生怕你们不满意。而我十八岁时，几乎没什么人理我、鼓励我，自己一个人常常苦苦思索，未来我会不会有什么出息，我不敢向外面的世界张望，有很长一段时间只和自己讲话，尝试着了解自己的面貌、自己的性格、自己的能力。

"先去了解我是谁，我是不是社会的条条框框、老师同学眼中的那个人。今天的年轻人，都没有花足够的时间去了解自己，反而急迫地想知道外面的世界是什么，经常最后把事情搞砸的都是我们自己，因为我们不够了解自己。我知道竞争很大、压力很大，对未来的迷惘是你们的专利，但要学会接受自己的平凡才能不凡，要思考自己想做的事情，提早为进入社会做好准备该如何证明自己。我的方法是，世界越复杂，我就越简单。要专注，第一项就是不要东张西望，不要跟别人比较……赢过别人最好的方法，就是超越自己，不要把时间花在与别人的比较上，看别人是因为你不知道自己是谁，你的样子不是别人塑造的，是自己塑造的。”

这一番谆谆教诲，让玛莎感到受益匪浅，他深有感触地说：“大哥教会了我们很多，不仅是音乐方面的，从他那里，我学到了整个人生。”

有人说，娱乐圈只有两个大哥，在影视圈，成龙是普遍认可的大哥，而在音乐圈，非李宗盛莫属。李宗盛的“大哥”，不仅表现为慧眼识才、造就人才、满腹才华，还在于他的善意，他对后辈体贴入微的关心，他用自身的经历与感悟，抽丝剥茧地为晚辈提供了可以思索人生的空间。他的品质熠熠生辉，他的为人让人永远敬佩。

成龙：真心英雄

成龙大哥是享誉国际的世界级华人明星，他性格豪爽热情，喜欢结交好友，很有江湖大哥范儿。成龙是电影圈有名的大哥，而李宗盛是音乐圈的大哥，两位大哥一个出生在中国香港，一个出生在中国台湾，看上去八竿子打不着边，但却是肝胆相照、亲密无间的几十年的挚友，说起他们的交往来，还是成龙大哥主动出击呢！

二十世纪九十年代，成龙凭借一身超强本领及在电影中的玩命演出，为他在电影圈杀出了一条血路，成了功夫巨星。自出名之后，就变成了一个分分钟都忙得团团转的大忙人，通告更是一个接着一个，但虽然是家喻户晓的巨星，他却有一个难以言说的苦恼，总不能每次在舞台上都给观众表演武术吧？

就在成龙焦头烂额之际，身边的朋友为他出了一个主意，并向他隆重推荐了乐坛教父级人物李宗盛。于是，成龙专程飞往台湾，两人交谈以后，成龙拍着李宗盛的肩膀说："你那么有才，帮我写一首歌吧！"

了解了成龙的苦恼后，李宗盛仗义相助。苦思冥想后，他为成龙精心创作了比较适合他气质的歌曲：《真心英雄》《明明白白我的心》《在我生命中的每一天》等，这些歌均调子简单，但极具成龙特色。李宗盛更是针对成龙的音质特点，专心闭门指导。在录音棚里，他整整折磨了成龙好几个礼拜，弄到他甚至怀疑自己的舌头是不是出了问题。

李宗盛对音乐的严格是众所周知的，他绝不会因为成龙是影坛大哥而对其有丝毫迁就，也正因为此，成龙在他的“调教”下才有了音乐上的好成绩。1992年，成龙加盟滚石唱片的首张个人“国语”专辑《第一次》里的大部分词曲工作都由李宗盛完成，他还派出了公司最当红的女歌手陈淑桦与成龙对唱《明明白白我的心》，可以说，这首歌至今都是KTV男女对唱的必选歌曲。

同时，《壮志在我胸》《在我生命中的每一天》等歌曲，也都传唱为经典，非专业歌手出道的成龙，首张专辑在当年就拿下了台湾地区的销量冠军，突破了200万张销量纪录。

这个纪录在当时的华语乐坛是什么概念呢？就是刘德华的《谢谢你的爱》突破100万张，次年，张学友的《吻别》突破400万张。显然，在李宗盛的加持下，成龙的首张专辑直逼“四大天王”，成绩可喜可贺！

“在我心中，曾经有一个梦，要用歌声让你忘了所有的痛，灿烂星空谁是真的英雄，平凡的人们给我最多感动……把握生命里每一次感动，和心爱的朋友热情相拥，让真心的话和开心的泪，在你我的心里流动……”当年这首充满阳刚温暖的《真心英雄》成为大街小巷传唱的经典之作，成龙激动万分，他终于可以骄傲地说：“请叫我歌手成龙！”

其实，不仅仅是出于演出的舞台需要，成龙本身亦非常喜欢唱歌，他并不满足于自己只能在私底下唱歌，而是奢望能像周华健、李宗盛那样，自己也能举办几场万人瞩目的演唱会。在李宗盛的帮助下，他成功地跨入了“歌手”的行列，声音沙哑，浑厚圆润，之后的《神话》等歌，也都成了经典。

之后，两人建立了深厚的友情，也成了相互包容、相互理解的好友。2005

年，李宗盛举行演唱会，成龙亲自现身并送上鲜花；2006年，李宗盛在香港红磡举行《理性与感性香港演唱会》，成龙更是不请自来，并以一出人意料的举动，为演唱会留下了褒贬不一的高浓度话题，也考验了两人之间最真挚的友谊。

那晚11点15分，演唱会即将结束时，成龙突然现身，并要求与李宗盛合唱一首《真心英雄》。谁知，本来无可厚非的助阵，却因为成龙当天喝了很多酒，在舞台上醉酒失态闹出了洋相。他一会儿说很享受舞台，一会儿又说可以担当指挥角色，一会儿又打断乐队的节奏，令音乐起起停停好几次。

眼看着演唱会接近尾声，即将超时，李宗盛有点不知所措，抬手看了一下手表。这个细节被成龙看见，豪爽的他连忙表示“超出15分钟，我就付15万”，本是仗义之言，台下的观众听完后，纷纷发出阵阵“嘘”声，醉酒的成龙还处于一片混沌状态，演唱会因此而推迟结束。

自然，酒醒过后的成龙深感自己失态，真诚地发表了道歉。但仍有一些观众不能理解，一时间这件事迅速被扩散，李宗盛出来为兄弟解释，说，他感到成龙有点醉，但闻不到酒味，“不可以说他对不对，他是真性情的人，我不在台上的时候，偶尔也会顺口溜两句，这样人格不太对，但可以理解的。与成龙十几年的兄弟，有特别的感情，他把儿子房祖名的音乐路都交给了我，我们的交情不能言喻。”

不要说明星，即使是普通百姓，相互间闹一闹场也再正常不过。感情的深厚，有时与能不能开得起玩笑也是成正比的，即使是夫妻，也鲜有一辈子相敬如宾完全不争吵的吧？李宗盛用他的包容，向歌迷证明他与成龙之间绝不会因这点小事而撕破脸，那纯粹只是他们兄弟之间的一种特殊相处方式罢了。

但记者的问题却纷沓而至，几乎所有的提问都在围绕演唱会因超时被罚款一事，李宗盛笑呵呵地说：“快点致电给成龙，叫他开支票给我，大哥说话一定算数呢。”他更是约法三章：“以后开演唱会要有四戒，第一戒演唱会超时，第二戒不请自来，第三戒爆粗口，第四戒醉酒大闹。”他用一番幽默话语为成龙彻底化解了尴尬。周华健也“推波助澜”：“如果我开演唱会，成龙不请自来的话，一定要先在他身上挂个牌子，上面写‘不许讲粗话’。”兄弟间的相互调侃，成了一种另类的“秀恩爱”。

之后，在2009年的演唱会上，成龙再次助阵，李宗盛则拿他的唱功作调侃：“他唱歌走调严重，把所有的大调都唱成了小调。”

两人还笑着追溯当初为成龙制作专辑时的趣事，原来，成龙唱歌时总是找不准拍子，所以每次表演的时候，都要在台下特意安排一个人帮他打拍子，对于大型演唱会，他更是邀请李宗盛现场为他打拍子。

囧事一箩筐一箩筐地往外抖，朋友间的相互拆台，成龙也丝毫不埋怨，他非常虔诚地说：“李宗盛圆了我的音乐梦，没有他就没有歌手成龙，在他面前，我永远只是个小学生。”

揭短归揭短，成龙的嗓音确实是独树一帜的，周华健调皮地评价他：“他的声音很独特，只要一听他唱，就知道肯定是成龙，他又来做慈善活动了。”

2016年，成龙的演唱会，不仅群星争相而来，电话被打爆，而且观众也是满座，反响甚好。

“一个月前就有人打电话要求当嘉宾，踊跃到令人头疼，请这个不请那个都会得罪人。”成龙笑哈哈地对着镜头说。

虽然演唱会嘉宾名单一直处于保密状态，但当媒体提问能不能透露一二时，成龙还是斩钉截铁地说：“李宗盛、周华健肯定是跑不掉！”

有一种朋友，他们情投意合，相互扶持，也相互拆台，百无禁忌，开再大的玩笑都如此理所当然，这才是真正的友谊。

2013年12月24日的平安夜，李宗盛在天津体育中心举办《既然青春留不住》演唱会，成龙再次不请自来，手捧鲜花，甚至大方献吻，更是大喊着，“我爱李宗盛，我爱你们，就像爱狗不理包子！”

李宗盛的演唱会无一不精彩万分，单单是海报，都透着华丽动人的悲伤情调。他盘腿坐在床上，胡须泛白，显露出几许沧桑，眼神却清澈真诚明亮，身后是一把吉他，朴实无华。

那场演唱会上，他唱足了三十首歌曲，近三个小时的时间里，他时而自嘲调侃，时而埋头拨弄着吉他，没有煽情，却令人激动到泪眼蒙眬。舞台上，他是最耀眼的那颗星。

成龙对李宗盛无疑是“羡慕嫉妒恨”的，他会唱李宗盛的每一首歌，《鬼迷心窍》《凡人歌》《爱的代价》《当爱已成往事》《梦醒时分》《给自己的歌》等等，每一首歌，都希望能跟他来个现场大合唱，甚至恨不得抢麦，把他的演唱会变成自己的专场。

与成龙火辣辣的性格相比，李宗盛则比较含蓄内敛，他坐在台上，温和地对歌迷们说：“谢谢你们，从小李的青春年少，听到我两鬓斑白。所以，我肯定有更珍贵的东西与你们分享。无以为谢，唯有写歌，给在乎自己，和自己在乎的人听。”

性格互补，惺惺相惜。对于李宗盛，成龙敬佩万分，以至于后来儿子房祖名出道，他就直接拜托给了李宗盛。兄弟情义，对于下一代，李宗盛这位叔伯，自然也尽心帮助。

作为著名演员的后代其实并不容易，首先就要面临一个心理承受能力的问题。就像周华健说房祖名那样：“加入娱乐圈要有心理准备，一定会有地方媒体追问三个问题，包括‘你爸是成龙’‘你妹是小龙女’‘你会不会学功夫拍电影’。”

房祖名想出专辑，李宗盛仔仔细细地听完了提供的DEMO，确认自己的确写不出来那种“二十岁”的音乐后，只好婉拒了邀歌。

但他并没有放弃对房祖名的指导，而是对他进行了多方面点拨，为他提供了诸多经验和宝贵意见，他希望在温室中长大的房祖名，能够从基础做起，甚至让他在自己的录音室里担任音乐助理。

上一辈的成功，固然会给自己带来诸多耀眼的光环，但自我人格及性格的形成，却要靠自己。能吃苦，不妄自尊大，学会自处，这才是成功的第一步，因为无论成龙是谁，房祖名始终是他自己，他必须要从头开始，才有可能超越自己。

李宗盛的用心良苦，房祖名心有灵犀，从小在国外长大的少年，顶着“我爸是成龙”的桂冠，却斯文有礼，丝毫也不张狂。据称，他主动放弃了美国国籍，毅然回到了祖国的怀抱，单单这一点，就是值得称赞的。

而身处浮躁的娱乐圈，能保持这份情怀的，除了自己的认知外，还来自长辈、师傅们的一番谆谆教导与潜移默化的影响吧？

娃娃：漂洋过海来看你

2018年，中国好声音的舞台上迎来了一位元老级歌手娃娃（原名金智娟），当她缓步走上舞台，唱起那首耳熟能详的《漂洋过海来看你》时，台下的观众和导师都“疯狂”了，突然的全场大合唱，让充满残酷竞争的氛围，顿时变得温暖和煦，那英激动地说：“她很年轻的时候，我就认识她，当年从王菲那儿听到这首歌的时候，十分感动！”

那英之所以这么说，是因为她从好友王菲口中得知了娃娃当年的爱情故事。而这首歌透出的说不尽的痴缠和长情，其实就是当年娃娃自己的爱情写照。

“为你我用了半年的积蓄，漂洋过海的来看你，为了这次相聚，我连见面时的呼吸都曾反复练习。言语从来没能将我的情意表达千万分之一，为了这个遗憾，我在夜里想了又想，不肯睡去……陌生的城市啊，熟悉的角落里，也曾彼此安慰，也曾相拥叹息，不管将会面对什么样的结局。在漫天风沙里，望着你远去，我竟悲伤的不能自己，多能盼望送君千里，直到山穷水尽，一生和你相依……”

这场爱情注定是场散场电影，娃娃爱上的那个人是北京的一位诗人，名字叫阿橹，当时的娃娃身在美国，两人隔海相望，感情只能维持在深深的痛苦中。彼时，她还是一位没有太多积蓄的小歌手，想要漂洋过海去看一看心爱的人是如此的困难，为了能见到心爱的恋人，她只能拼命存钱。

可是，等她终于存够了钱，可以乘飞机去见他的时候，他却已经结婚了！青春跳动着的双眸，依然明媚闪闪；强烈的心跳声，仍抑制不住；喷涌而出的思念，仍无法掩藏。可两人见了面，却只能相顾无言泪两行！他们再也无法拥彼此入怀，她只能望着他的背影，渐行渐远……

用歌词写出娃娃心境的那个人，就是李宗盛。其实，在娃娃开启这段异地恋之初，滚石唱片的同事们就四处旁敲侧击收集情报，他们都在默默地关心着她，李宗盛也不例外。

当年，刚刚失恋的娃娃，在台北咖啡店意外邂逅了好友李宗盛，她把自己的故事告诉给了他，只不过随口聊了五分钟，没想到次日李宗盛就为她创作了这首歌。

拿到歌词的时候，娃娃简直震惊了："天啊！他是不是有装监视器在我旁边？他怎能写得如此细微，如此真实又心有灵犀？"那种为了爱一个人，分别后独自行走在陌生城市的感觉，那种两个人都很相爱，却又都很孤独，可是又不想放弃的感觉，都被李宗盛写得惟妙惟肖。

娃娃的第一反应就是，李宗盛写进她心里面去了。而当时的情景是，李宗盛一脸兴奋，他拿出一张沾满了油渍的，那种连锁牛肉面店的餐垫纸，歌词就写在那上面：《漂洋过海来看你》！

1990年，台湾和北京之间还没有直航，李宗盛本人也没去过北京，但他经常看报上讲，北京的沙尘暴多，于是有了这神来一笔，"在漫天风沙里，望着你远去"，那应景的句子令娃娃的眼泪夺眶而出。

据说，在录音棚里唱这首歌的时候，娃娃哭到用掉了两盒面巾纸，好多次都没有录成功，最后实在没有办法，只好将专辑里的其他所有歌先录完，才调整好心情，重新再录。

年轻时，我们都以为地球上再远的地方，抬脚也能够到达，只要不轻易放弃。可有多少爱情现实得很，它败在了时间上面？有多少等待，是败给了千山万水？又有多少人，曾因此在很长一段时间内难以自拔？多年后，重提那段往事，娃娃不无自嘲地说，“自己做了差不多两年八点档女主角”，当年在美国，她同王菲是同居室友，每次王菲回国后，她都会托她帮忙带礼物过去。

每一个人出现在我们生命中，注定都要带给我们一段别出心裁的感受，他既是我们人生的导师，也带给我们喜悦或困惑，初恋男友是她的困惑，而李宗盛则是她的喜悦。

娃娃的故事不仅感动了李宗盛，也感动了许多人，尽管岁月变迁，但从往事中彻底抽离，其实并不是一件太容易的事情。据说每次唱这首歌的时候，娃娃都会哭，就这样哭了好多年。

如今已结婚生子有着美满家庭的她，在演唱这首歌时，仍能将歌词中所表达的那种痴痴的爱恋与淡淡的哀伤演唱得淋漓尽致，她沙哑而透着浑厚的声音，让听众闻者凄凄，都忍不住去想象它背后的故事。

有人曾说：“人生最重要的态度就是拼命奔跑，然后即使最后免不了要跌倒，你也可以安慰自己说，这是个华丽的跌倒。”

李宗盛应该也是赞同娃娃这种对待爱情的态度吧？从某种程度上讲，他自己的感情故事，也与此有异曲同工之妙。

“漂洋过海的来看你……在漫天风沙里，望着你远去，我竟悲伤得不能自已，多盼能送君千里，直到山穷水尽，一生和你相依……”娃娃的故事无疑是赋予了李宗盛灵感，因此他才能一蹴而就的。

是用情太深也好，是薄情寡淡也罢，年轻时，我们拥有过的爱情，无论失败与否，都是我们存在过的证据，都是值得回味和珍惜的。就算失败过，也能像娃娃那样擦干眼泪再重新活过一次，这才是爱情的真谛吧。

二十多年过去，站在舞台上的娃娃，再唱起这首歌，仍令听者唏嘘、震撼不已。她唱得依然还是那么深情而认真，听这首歌的人，也好像眼前又浮现出那漫天风沙中不顾一切地裹挟着一腔勇气去寻爱的少女形象，那浓浓的情丝，哪怕隔着千山万水、不同语言，也能引起一腔共鸣。

其实，在走成熟、温柔风格都市女歌手这条路之前，娃娃是一名摇滚歌手，1981年，她和朋友组成丘丘合唱团，担任主唱，1982年，发行首张专辑《就在今夜》，让她红遍了大街小巷，之后发行的首张英文专辑《甜蜜梦幻》也是一种朋克少女形象，她当时的人设是“摇滚小魔女”。

而此时的她失恋人憔悴，单纯的少女心境也在悄悄转变，显然已不再适合这种风格，正努力寻求突破，而李宗盛恰逢其时地出现，成功为她塑造了新形象，让她成功转型。

更值得一提的是，当时滚石唱片正面临财务危机，公司没有足够的钱来做她的专辑，而爱才的李宗盛却毫不犹豫地把自己的那辆奔驰车卖掉了，娃娃的这张专辑才得以诞生，更因此而大火！

这张专辑也让娃娃达到了乐坛的最顶峰，她自成一派的风格，加上李宗盛的塑造，使她成为另一个独一无二。

就像爱情玄妙至极一样，人生有幸遇到一两个知己，生活的道路也将得以拓宽，而生命也将迎来另一种体验：这首歌发行半年后，娃娃跟北京诗人彻底拜拜，他们成了彼此时光中的过客，也轻轻松松开展属于自己的新生活。

迷惘时，有一双手伸出来相助，我们的生命在他的慰藉中得到扭转，这样的人，不一定是我们曾经花光所有力气去爱的人，但他一定是我们生命中不可或缺的值得我们感恩不尽的人，我们担负着他的理解与支持，会在挫折面前越发勇敢，无所畏惧，也将越来越好。

而人世间有为爱不顾一切的人，也令我们感动，对写词人来说，听一段曲折哀婉的动人的爱情故事，也会激发他们的灵感，促进更好题材的诞生。

对有情人来说，他们是相互促进的，因为理解，所以感动。2004年李宗盛与林忆莲分手，他选择留在北京，而林忆莲去了新加坡，曾经恩爱无比，后来劳燕分飞，这段情也是这位沧桑男人内心深处最大的隐痛，在时隔多年的演唱会上，他唱起自己创作的这首歌，缓缓说唱，清晰吐字，看似轻描淡写的遗憾，却能让听众嗅到一种别样的酸楚感，他的歌由他来唱，也再好不过，那是属于一位阅尽千帆的老男人的另一番别有韵味。

那句“陌生的城市啊，熟悉的角落里”，他在嬉笑之间，打趣地问观众：“还行哈？”其实，何止是“还行”，根本是让人为之一颤！有人说，从娃娃的故事中，能同时听出两种声音，但却是同一种感情，无论是谁，都能从中听懂那过往类似的经历。

对喜欢他的人来说，这就像是一壶老酒，清冽醇馥，酒酣之后，他在与你诉说着衷肠，而你，是他最真心相待的好友，在他的娓娓道来中，默默地投以最虔诚的祝福，那个谁都不曾错过的唏嘘年少，我们一起曾如此用力地奔跑过！

李剑青：清醒的人最荒唐

李剑青，这个名字近年来渐渐从陌生走向熟悉，细心的人发现他并不简单，除本身自带一种脱离于这个喧嚣世界的安宁纯净质朴气质之外，他还与一个名字，紧密地联系在一起，这个名字就是李宗盛。

处于半退隐状态的李宗盛，自2007年居住在北京这座城市后，他已经鲜少收徒，并开始在创作题材上思考死亡。这样的心境下，喜欢穿白衬衫、清爽不油腻，看上去安然沉稳的小伙子李剑青却成了一个特例，这是老李的一次例外，也是小李的一种荣幸，两人亦师亦友，其实，已经相伴了差不多十年。

李剑青1977年出生于广西桂林，7岁时开始学习小提琴，1990年考入广西艺术学院学习小提琴演奏专业，担任过广西交响乐团小提琴副首席和节奏吉他手，后担任紫太阳乐队主唱兼节奏吉他手。2001年，他离开团队开展个人音乐计划，凭借一曲《梦天堂》获得了年度广西“创作歌曲先锋榜”最佳演绎奖。

2005年是李剑青生命中最宝贵的一年，这一年，他参加了深圳音乐比赛，李宗盛是坐在台下的评委之一；这一年，他这匹千里马邂逅了自己的伯乐。

对于华语乐坛大师级人物李宗盛，李剑青自然是一眼就认出来了，站在台上的他几乎舍不得眨眼，内心某种躁动不安的东西呼之欲出。台下的李宗盛也发现了这个与众不同的小伙子，他的气质非常干净，嗓音也独特，让他一眼就觉得，这是一个很有潜质可挖的年轻人。他说：“你知道我是一个很严苛的人，或是很少赞美人在音乐上的能力的人，反正我就有一种能力，能够看出谁可以。”

为了能与自己心目中的偶像有一个“完美”接触，李剑青千方百计请音乐比赛主办方将一张刻有几首紫太阳乐队歌曲的CD转给李宗盛，李宗盛当时没怎么在意，回到台湾后，一向爱惜人才的他想起了这张CD，于是开始静静地听起来，他发现里面的作品词曲都不错，并且耐人寻味，于是立即找到音乐比赛主办方，辗转一周才联系上了李剑青。

当时的李剑青还在广西交响乐团拿着一个月几百块钱的工资生活，每天去菜市场跟卖菜的大妈讨价还价。李宗盛打给他的电话里说，“我对你的人很感兴趣，我给你订机票，你来北京，跟我走吧，包吃包住，一个月再给你两千块钱”，这种意外让李剑青喜不自禁，当时感觉真像是做梦，虽然做生意的母亲强烈反对，但他还是义无反顾地奔向了自己的偶像。

十多年的师徒生涯里，李剑青一直都在安安静静地扮演着自己的徒弟角色，性子也比较温顺，遇到合作意见不同时，几乎七三分，他会顺从自己的老师，因为到最后总会发现老师的想法是对的。而李宗盛并不时常出现在他眼前，他也在有心磨砺李剑青，让他成为一个不急不躁、甘心暂时居于幕后的人。

很多人好奇他们之间的相处方式，也有很多歌迷为李剑青愤愤不平，这样一位有才华的年已四十的人，跟着李宗盛的这十年里都在干些什么？为什么好像事业一直没有什么起色？

其实，李宗盛对爱徒的培养和提携在很早以前就开始了。江美琪的《芥末不辣》、袁泉的《你是毕加索》、杨宗纬的《原色》、林忆莲的《玩伴》、孟庭苇的《我们仨》、品冠的《桥》、白安的《麦田捕手》、余宪忠的《等待是爱情的一种方式》、黎明的《妹子》、周笔畅的《为了认识你》、信的《我记得》等歌都是让李剑青来谱曲，在刘若英的“脱掉高跟鞋”演唱会上，李剑青还担任了小提琴手，刘若英会刻意留有时间让他独唱一首《匆匆》，也会与他合唱一首《我是真的爱你》，或者请他单独伴奏一曲《相看两不厌》。

而在自己的演唱会上，李宗盛则让李剑青担任表演嘉宾，并与他合唱他们共同创作的那首《匆匆》，用这样的方式让他不鸣则已，一鸣惊人。李剑青自称并不是特别有天赋的那种人，因此，李宗盛对他的打磨，恐怕也是为徒弟做最好的打算罢了。

李剑青非常崇拜李宗盛，不仅在于他的音乐，更在于他的人格。他说：“大哥身上有非常多的品德，他做事从来不麻烦别人，但他的经验却从不吝与别人分享，他认为你好就好，毫不保留地把所知道的全部都教给你，他也总跟我说，‘剑青，你要好好利用我啊，你要把我当成很好的平台，你能利用多少尽管用’，他愿意做一个平台，把所有资源和我分享。”

提及他们之间的关系，李剑青说，十年来他们从没红过脸，都是以尊重对方的方式来相处。“我觉得我在跟大哥学东西，这个男人有太多值得学习的地方，有时候甚至怀疑他脑袋里装的是什么，他总说他脑袋里有七八个硬盘，所以他硬盘里面有太多我好奇的东西。当然，大哥也好奇我的硬盘里装什么，所以我们两个在一起其实挺开心的，好像不知不觉时间就过去了，也没有特别在做什么。然后也许是做跟音乐有关的，也许没有。”

生活中，李剑青眼里的李宗盛是最关心自己的那个人，比如老娘生病动手术，李宗盛会不打招呼就跑过去探望，会在商演结束时刻意绕一下，下飞机开车直奔李剑青家，并塞给他妈妈一些营养品及钱之类的东西。

特别让他感动的是，有一次他生病了，没敢告诉李宗盛，而李宗盛从他的同事处得知后，竟然大半夜冒着雪为他送去亲手熬制的鸡汤。对李剑青来说，李宗盛早已是生命中不可或缺的家人。

在创作方面，李剑青觉得李宗盛是“最懂我厉害的地方的人”，他从不要求他改变，而是不断挖掘他的潜力，给予指导。《不变的事》写了八个版本，李宗盛才点头；《出城》也是反反复复地修改，改到让人呕吐的程度。李剑青说：“他知道我最厉害的地方就是认真，不会轻易放弃”，正因如此，他们的计划定在某个期限内完成，从来没有耽误过。彼此相互刺激、相互折磨，就是他们创作时的状态。

李宗盛自不用说，他的音乐生涯更多的已是“越过山丘”的淡定与从容，似乎在他看来，徒弟没必要急于求名，他为李剑青挡下了很多来自娱乐圈的诱惑；而作为晚辈的李剑青，能跟随在他身边淡定自处，从不为外界所动，需要的也是一份笃定与自信。他们更像是一对过于安逸而不羁的师徒，已经修成某种程度的世外高人，彼此乐于享受这样一种封闭又思考的状态。

早在杨宗纬参加音乐比赛时，师徒二人就不吝帮助，将原本属于李剑青专辑中的作品都给了杨宗纬，才使得专辑《原色》能够在舞台上大放异彩，令杨宗纬一鸣惊人。提起这段过往，李剑青丝毫也不后悔，更不会埋怨师傅，因为在他心底，作为一个幕后音乐人一直是人生最大的计划。

“跟一个那么牛的人在一起，听他说话，跟他聊天，看他做人做事，看他处理一些事情，这对我的人生影响太大了，当你跟大哥一起工作，你会很珍惜跟他在一起的光阴。”李剑青更享受的还是跟大哥像家人那般其乐融融的温馨感。

在广西交响乐团时，李剑青“白天玩音乐，晚上被音乐玩儿”，自身也有分裂的那一面。在跟随李宗盛之后，他身上的摇滚本性渐渐有了收缩，更多的时候，是外表看上去文质彬彬的那个他。其实在内心，他一直自认是个很接地气的人。

“我不希望掩饰自己心里真实的想法和情感，我想跟大家分享自己的感动，不能理解的，我也不去讨好你说希望你能理解我，不想假假的。”基于自身北漂、身处异乡人的共同经历，以及坚决不聒噪、一心追求音乐品质的品性，师徒两个人一起合作了《匆匆》《出城》《伐檀》《姥姥》等歌曲，这些歌或描写乡愁、或描写普通人的北漂生活、或抒发个人心情、或悲或酸、或孤单或喟叹、或疏离或挫败，都是他们在“自省”之后慢慢发现了生活中的“平凡”，他们把共同的情怀融于歌曲中，以文学性的叙事方式，让听众能从中找到打动人心的美好时刻。

对李剑青的作曲能力，李宗盛给予了极高的评价，他说，终于找到想象中这样一个细腻曲风的作者，他因此而可以只负责写词了。故而，从两人合作的歌曲中可以看出，基本都是李宗盛作词，李剑青作曲，配合得相当融洽。

所谓十年磨一剑，2017年11月，李剑青的首张专辑终于面市了，收录在其中的《匆匆》成功打动了许多年轻人的心：“分租房每月三百，紧挨着烟囱，睡里厢的姓李名字叫双喜，是我的二房东，尽管日子过得很窘，他都能从容……影楼照里在老家的对象名字叫芙蓉，就算婉转地说，长得也勉强只能算普通，我有几次交不出房钱，他都肯通融，只是他说小子，你给我去算算煤球有几个窟窿，那些褪色青春梦，普通得不能再普通，你肯定懂……”

据说这首歌的MV，二房东和芙蓉都真实出镜，师徒俩为了这张专辑付出了巨大的努力。2013年时谈及这段经历，李宗盛是这么说的：“剑青这一张，是我做音乐制作人制作最久的一张，到目前才算完成一首，剩下的仍未知，不过，我挺满意，有照我想要的情感走，希望也能去到我想去的地方……去到这一代离乡背井两眼摸黑忍受屈辱未来茫然的人心里，让他们知道，我看见他们了，深受打动，并且为他们写歌。这首歌，也纪念我在大陆生活的日子，我自己也通过创作这首歌，获得巨大的安慰与力量，非常幸运！”

这首歌写得很冗长，就好像是一个异乡打工者，在淡淡地叙述着自己的生活，那些与他交织着的不同的个体，个个朴实无华而纯净厚道，他们用平凡来谱写生命，没有无病呻吟，却绝对真实动人。词中“满垛儿啊，咱家桂花香正浓”中的“满垛儿”正是李剑青的乳名，让人眼前不禁浮现出一个生命的落体，直到他长大成人，不断追求梦想的历程。

而那句“明白了现实里没有人是孙悟空，课堂，老师忘了教八面玲珑”，简直堪称神来之笔，青春时一切都是纯净而美好的，连梦想都好似纯洁无瑕，近在咫尺，似乎一伸手就够得着，可现实却是狗血的，它裹挟着我们前仆后继，却又惆怅迷惘。不得不说，李宗盛的作词水平极有画面感，极富想象力，不禁让人回忆起自己那些一闪而过的青春岁月，听多了，会让人的感情无法自拔。

作家庞羽评价他们的歌时是这么说的：“让年老的听懂了年轻，年轻的也许更懂得年老。”

2013年，在李宗盛的北京演唱会上，他特意提携自己的入室弟子，两人合唱这首歌，那悠扬而哀伤又透着股倔强的调儿，把现场观众感动得泪盈满眶。

凭借单曲《匆匆》正式以歌手身份出道，李剑青已经四十岁了，如此沉得住气，就像一棵正在不疾不徐生长着的大树，因为枝丫硬气，所以不怕没有特别的浇灌。“我用五年时间消化掉幻想，沉淀痴梦。”李剑青如是说。

沉淀后的他开始回归真实和平淡，甚至懂得调侃自己，“不是不在乎，而是把硬气都藏在心底了，创作音乐并不是通往神奇殿堂的光明大路，古时候，我顶多是个下九流龙套，角儿不是每个人都能担当的，这样说有些悲观，但我确实是这样打击自己的。会写几句旋律，可如果就这，比起那些伟大的非专业选手，在下轻如鸿毛。”

在老李看来，正是由于小李拥有着这样一份与年轻人不相匹配的厚实和地气，基本上继承了父辈人的品质：能吃苦、勤俭、自律、善良、腼腆、可爱，他的音乐才让人如此感动。

之后，李剑青的另一张专辑《仍是异乡人》横空出世，其中《出城》《平凡故事》两首主打歌也是师傅写词、徒弟谱曲的合作结晶，另外三首是李宗盛为李剑青遍寻以乡愁为主题的优秀诗篇从中选出来交给爱徒谱曲的，它们分别是蓝蓝的《姥姥》、严彬的《在家乡》，以及公路的《不变的事》，李宗盛也担任了这张专辑的制作人。

并且，对于这张专辑的创意也来源于李宗盛。他说：“这些年我长居内地，两年在上海，十年在北京，这段生活对我产生了很大的影响，因为我从来都不是一个白白过日子的人。比如说脸上还带着高原红的在餐厅端盘子的女孩，我家里做家务的阿姨，小区的保安，经历过的这些人和事，都留在了我的心中，给我巨大的感动。”

其实，李宗盛为这些平凡的人而燃起创作的欲望，或许多少是受了李剑青的影响吧？而他的人格品质又是徒弟李剑青最敬佩之处吧。只有心有灵犀，才能完美地融为一体，让词和曲都达到感人肺腑的力量。

2016年，李宗盛推出录音棚直播专辑《大事发声》，开创了录音棚直播音乐的新形态，也成了内地创作音乐直播的里程碑，创下了同步在线观看每集达一百万人次、总共观看超九千万人次的好成绩，对主流媒体产生了深远的影响。

2017年，李宗盛在超级版《大事发声》中隆重介绍李剑青，“我极其佩服看重的音乐人”，并让李剑青的作品得到了首次完整的呈现。

没有商业包装，没有浮夸宣传，没有现场互动，没有因大场面人气聚齐而产生的灵光迸发，但在这样稳定安静的氛围中，听众反而能感受到那种往歌手深处挖掘的默契。

李剑青的名字从此刻起，被人深深地记住。有位网友直呼："相信李剑青也会达到很高的成就和地位，他们这些人才是歌手或唱作人的楷模！他的那首《姥姥》真的很惊艳，感触很深。"

刘若英在回忆自己对李剑青的印象时，是这样写的："每次有机会我都拗剑青陪我合唱，每每他独唱《匆匆》时，我在快换间都还是专注地听着，这次他离开，再回来时，我感觉他的表演有了很大的变化，更加深刻，沉着，有味道。庆功宴上，我们都以为大家会喝烂醉，结果异常的平静。我们跟乐手围着一桌，剑青说，'其实我做的音乐并不是大众的口味，但如果我们不做，那这类型的音乐就真的没有了……'，当然他也有小小的低落，而我告诉他，'虽然我完全没有资格说这话，因为我不会制作，歌也唱不好，但是我还是希望你能相信，你跟大哥在做的，不是看现在，而是会被留下来的……'"

"归来吧，游子，功名沉浮不必提，稚志初衷别忘记。"或许，以这样的状态出发，未来才不会遥远，梦想才能够抵达。

杨宗纬：怀珠

杨宗纬被人熟识还是近几年的事，因为参加湖南卫视《我是歌手》节目，高超的唱功让他人气飙升，焕发了事业的“第二春”。但在他第二次爆红之前，却很少有人知道，他的人生走了很多弯路，曾被雪藏两年之久，而在最困难时期，一直陪他走过艰辛并用尽全力帮助他的人，就是伯乐李宗盛。

李宗盛曾坦言，自己最欣赏的三位歌手分别是张学友、陈奕迅和杨宗纬，按辈分来讲。大家都知道李宗盛出了名严格甚至有点苛刻的，能如此高度评价杨宗纬，不得不说，这对杨宗纬来说简直就是一则免费的天价广告。

2007年，刚出道的杨宗纬参加了中国台湾地区第一届“超级星光大道”比赛，歌声阳刚细腻，极富感情，有辨识度，感染力强，无论男女歌手的歌曲经他演绎，都能达到美轮美奂、让人为之涕零的程度，甚至可以做到超越原唱的水准。那一届，他的呼声最高，人气最旺，是最有可能成为冠军的热门人选。陶晶莹曾激动地封他为“催泪歌神”。

但关键时刻，他却因虚报年龄问题而不得不宣布退赛，那一届，意外成就了如今的“雨神”萧敬腾。即使被迫退赛，杨宗纬仍然受到主办单位华研唱片的器重，公司依然与他签约。谁知，杨宗纬此时却受到好友的蒙蔽，被黑道设局签约，之后没多久，签约公司倒闭，杨宗纬陷入合约纠纷中。

此时，他的第一张个人专辑不出任何意外，成为2008年上半年中国台湾地区唱片销量的冠军，并创下了新人最快在台北小巨蛋开个人演唱会的纪录。接着，正打算进军大陆市场时，杨宗纬的经纪人又被曝不断违约，万分无奈的他，再一次陷入合约纠纷中。

之后，杨宗纬遭遇雪藏，长达两年之久。一步错，步步错，大好的前途突然就这样停顿下来。等到合约问题终于得到解决后，再返回乐坛，他已经被萧敬腾等人远远甩在了后头。

这时候，想翻身，除了靠自己实力外，真的还需要一些运气，以及贵人的指点和提携。此时他的新经纪人葛福鸿找到李宗盛求助。

而那时的李宗盛忙于吉他品牌的创立，已经有十年没再为他人制作专辑，一般人很难打动他再次出山。杨宗纬及经纪人都捏着一把汗，心里根本没谱儿。

但李宗盛其实早就留意过杨宗纬。他曾是第一届“超级星光大道”总冠军赛的神秘颁奖嘉宾，当天，被迫退赛的杨宗纬仍然拿到了一个“星光人气王”的大奖，李宗盛听过他的歌，也了解他的经历，在内心其实是非常欣赏他的。

后来杨宗纬发片后受邀到北京，在风云音乐榜上，他一人独唱了两首歌，而这两首都是李宗盛的歌。他并不知道，当时李宗盛就坐在贵宾席。两人的惺惺相惜，虽没有正面挑明，却也有点心有灵犀。

杨宗纬最喜欢、最尊重的音乐人就是李宗盛了，无论大大小小的舞台，他总爱唱对方的歌。因此，想到求助于李宗盛，既是源于这份感情，也的确想借此得到他的指点。

当时的李宗盛在三个月前已经与杨宗纬有过一面之交，接到这个“大案子”，他当时给出了回答：“他的性格中某些特质颇有趣，我觉得他蛮能唱。”

2010年1月，官司事宜得到彻底解决后，杨宗纬立即飞往北京拜师李宗盛。两人见面，李宗盛开口便是："你不要觉得你们选秀出来的歌手都很了不起！"语气中，他对选秀歌手擅长炒作的行为很是不满。杨宗纬心想，我从不啊，可他没敢作声。交谈的过程中，他更发现了李宗盛一个特点：他特别认真，特别擅长观察，并能用心倾听，好像能钻到人心里去。

当时的杨宗纬在心底隐隐约约感觉到这次的学习不会很短暂，但他万万没想到，为了制作这张专辑，他在北京被李宗盛整整"折磨"了一年半，苦不堪言。

刚开始进录音棚，李宗盛根本没理过杨宗纬，他一直都在观察他，但在杨宗纬看来，这就是一种折磨。他把所有的技巧都使了出来，却只是参加选秀时常用的那些把戏，这不是李宗盛想要的。李宗盛为此严厉地反问他："你会唱歌吗？"

在录制主打歌《怀珠》时，被要求整整唱了三百多遍，一首歌录了一个多月，杨宗纬忍不住在心底悄悄"骂娘"，但此时李宗盛却告诉他："前一个月只是震撼教育，前两周都是白录的"，杨宗纬立即反驳："可是每一首歌都是瓶颈，都是震撼教育。"李宗盛看出了他的颇为不满，但他并没有因此而停手，而是继续严厉无比。

虽然李宗盛从不骂人，他只会问"你确定要这样唱吗"？但对杨宗纬来说，这简直就是精神折磨。有时，两人意见严重不和，他们虽不互相发脾气，但却冷战，谁也不理谁，李宗盛听出杨宗纬带有情绪，就又下令让他重录，搞得在场的工作人员也都跟着紧张万分。

录到倒数第二首《底细》时，杨宗纬实在受不了了，就打电话回台湾去，想称病告假，还是在李剑青等人的劝解下，才打消了撤退的念头。从那以后，有一段时间内，他跟李宗盛之间的交往都靠李剑青从中协调，两人变得不再像以往那般融洽。

专辑《原色》终于杀青后，杨宗纬迎着北京清晨的凉风疯狂奔跑，他钻进一辆出租车里，忍不住放声大哭。但宣泄完后，他又特别感激李宗盛，他知道这都是大哥的良苦用心，要他与过去的选秀歌手做个告别，是帮他“洗底”。正如李宗盛所说：“我替他整理出属于杨宗纬的歌，这些歌，没人唱得比他强。”

经过打磨，杨宗纬原先的青涩已经蜕变为独特，他把握了更多的唱歌技巧，也懂得怎样更好地去体会歌曲的意境，他变得越来越有自信了。

虽然是严师，但李宗盛却十分包容、“偏爱”杨宗纬。他把原本创作好的已经录入到徒弟李剑青专辑里的《底细》《怀珠》等好几首歌，统统都送给了杨宗纬，对他的歌唱水准更是不遗余力地称赞。

2011年7月，杨宗纬加入环球唱片，公司不仅为他举行了重大的加盟仪式，总经理更是送他“三哥”的称号。为什么这么称呼他？原来就是因为李宗盛说过，自己最欣赏的三位歌手，杨宗纬是其中之一。

2011年8月16日，《原色》终于发行。发行后一周，它就以G-MUSIC（音乐专辑销量榜）保持在榜16周的佳绩，专辑与主打歌《怀珠》更是分获中华音乐人交流协会推荐为2011年“十大专辑”和“十大金曲”。

杨宗纬因此撬开了大陆的市场，被许多音乐人高度赞评。然而在台湾地区，却又意外爆冷。2012年，中国台湾地区第二十三届金曲奖提名揭晓，《原色》大跌眼镜折翼，只凭《怀珠》入围了最佳作词奖。

许多人认为杨宗纬之所以失意奖杯，在于他唱得太像李宗盛。接受马世芳采访时，李宗盛却委婉帮腔：“唱得像我，但不管谁来唱，都逃不出这个味道儿。”

貌似“责难”，谁说不是变相替徒弟喊冤呢？就算不是杨宗纬，换作任何人，必须要唱出这种味道来，出来的效果必定也都是一样的。但杨宗纬却颇为委屈，他反复表示，自己唱得并不像李宗盛。

之后有一次，两人接了同一个商演，却有意识避开同台，也许是李宗盛觉得愧疚，也许是杨宗纬觉得对不住恩师，总之，尴尬的两个人都很有默契地选择同场不相见。

但在舞台上，杨宗纬还是特意选唱了李宗盛为他创作的《怀珠》，而李宗盛也一直没有离开，只是默默地站在后台，听他唱完，才点点头，满意地走了。

被问到对哪座城市最为留恋，杨宗纬说："自己去过很多城市，每一个感觉都不一样，对我来讲，台北比较孤寂，在北京，我反而觉得比较温暖一些，虽然气候上不太习惯，很冷。"言辞之中，仍旧忘不了跟师傅李宗盛在一起相处的美好岁月。

2013年，杨宗纬决定参加内地节目《我是歌手》，遭到公司竭力反对，公司认为他已经是成熟歌手，没必要再去参加这样的比赛，如果输了，会很难堪，而面对众多音乐界前辈，拿到好的名次也并不容易。为了参赛，杨宗纬几乎跟公司闹到差点决裂。

结果在《我是歌手》的舞台上，杨宗纬第一轮下来就垫了底。虽然他的唱功得到了王菲、那英、高晓松、东亚唱片行政总裁余秉翰和《中国好声音》的音乐总监李维敏等众多行家的称赞，但由于是新人面孔，还是吃了大亏。港台的媒体此时也纷纷打抱不平："港台音乐文化和内地音乐文化还是差距太大，内地人根本不懂音乐。"

此时的杨宗纬也比较失落，但他在网上和场外观众那里却又得到了认可，他的人气陡然攀升，喜欢他的人一夕之间多了数十万。在之后的复活赛中，杨宗纬彻底发挥了他在师傅那里学来的本领，无论是在气息支撑上，还是换声技术上，抑或情感表达和语气拿捏上，都发挥得炉火纯青。在选歌上，更是继承了师傅李宗盛的精益求精的精神，偏执到让工作人员都快要吐血了。

最终，三个月的比赛，又将他事业被“偷走”的那两年寻了回来，他获得了总决赛第三名的成绩——对这个成绩，不少人还是打抱不平，认为冠军应该是他的才对。同年，李宗盛为他制作的新专辑《初爱》，在台湾地区和大陆同步发行，并在北京举办大陆首场新专辑签唱会。

提及再次与李宗盛合作，杨宗纬不无骄傲地说：“在心中视他为爸爸一样的角色，他是我很崇拜和喜爱的长辈，我对音乐有自己的坚持，有意见我会告诉他，感觉就像对爸爸撒娇。我距离张学友和陈奕迅还有很远的路程，希望未来把歌唱好，把情绪放到歌曲里。是不是‘歌神’，需要时间来证明。”

《我是歌手》总导演洪涛一向毒舌，在接受采访时，也禁不住对杨宗纬赞不绝口：“杨宗纬代表着抒情歌未来的方向。”微博音乐博主耳帝评论杨宗纬：“华语乐坛从未有过这样的歌手，技术功底与人文色彩兼备，将苦情芭乐的主流所需要的硬性指标，与台湾本土民谣的文艺范儿合二为一，他的出现，改变了人文歌手唱功差的惯例，也打破了情歌歌手素养低的局面，使唱将和诗人们都被迫接受了一个新的标准。”

高晓松也赞他：“当其他歌手还在唱歌的时候，杨宗纬是已过了唱歌的境界，他是在歌唱！”

因此，在李宗盛59岁生日时，高晓松专门致敬李宗盛创作的那首《越过山丘》，首先就想到了最合适的人选，那就是杨宗纬。（后来这首歌因种种原因，最终被搁浅。）

接下来，杨宗纬可谓一发而不可收，据传浙江卫视不惜以千万重金希望将他签约旗下，更是愿意将《麦霸英雄会》的音乐总监及幕后音乐工作全权交由他管理，但因要举办演唱会，杨宗纬没有签约。

身价暴涨后，杨宗纬的商演越来越多，场地邀约也应接不暇，2018年，杨宗纬更是在美国举办了《世界还小》演唱会，观众席上有人拉着横幅：“中年莫听李宗盛，失恋莫听杨宗纬”，对于华人观众来说，在异国他乡能听到自己同胞的歌声，那是一种久违了的幸福。

但据称，这场演唱会因种种原因，在纽约搞砸了，被不少观众以“感觉被骗了”“耍大牌”等理由集体要求退票，杨宗纬似乎没意识到问题的严重性，事后并没有对此事做过浓墨重彩的道歉，事件持续发酵后，主办方才不得不做了官方道歉说明，然而，经历这么一场“浩劫”，对艺人的形象工程来说，多少还是美中不足的。

事件的经过，由于没有亲历现场，在这里，笔者无法做出评论，但《怀珠》中的几句话，却值得我们去好好玩味：“医情伤，虽无良方，该来的不必慌。先止住专情，再戒了念念不忘，再试试用两年，模糊了初恋模样，才好指望，从此再无关痛痒，说的好，情话简直迷汤，喝不着，渴望，喝多了穿肠，长情，如文火，煨出热泪滚烫，爱早远了，谁还在原地失神游荡，剪刀石头，切，剪刀石头，切，剪刀石头，切，命运你，好心让我赢一回我会绝对，我会纯粹……”其实无论是爱情也好，事业也罢，经历过热泪滚烫才好不容易迎来的好运，任何人都应该学会用心去珍惜，也只有纯粹的人，才能走得更长久。

相信杨宗纬不会辜负师傅李宗盛的一番教导和苦心。

无印良品：我们好像从未在一起过

无印良品是二十世纪九十年代爆红的组合，成员为光良和品冠两个人，他们都是马来西亚人。光良比品冠大几岁，成名早于品冠，也是在他的带领下，两人渐渐在音乐上合作专辑，取得了令人刮目相看的好成绩。

光良自小学四年级时就开始学习钢琴，初二时期开始创作，并担任教堂华语歌咏教练。读书期间，参加过大大小小30多次歌唱比赛，冠、亚、季军全部拿了个遍儿，更是在1993年参加全亚洲歌唱比赛，凭借《永在我心中》获得第一届海螺诗韵奖，赛后签约唱片公司。他与品冠相识于教堂，光良听到品冠唱歌，就对他说："你声音很好听耶，有没有兴趣一起制作一张专辑？"

那时的品冠读大二，学的是会计专业，而光良读电脑工程与录音工程，一人独自在外，他时常感到孤独。毕业季，光良想独自完成一张专辑，于是问品冠愿不愿意加入一起做。品冠表示非常感兴趣后，光良毅然解约，专心投入到两人的专辑上。

那时，光良最喜欢听周华健的歌，有一次，他唱了一首周华健的《没有永久的爱情》，品冠直叹好听，当时他还不知道周华健是谁。在光良的影响下，品冠对音乐越发喜爱，并在两人合作创作专辑的时刻，越来越有心得。

一年后，他们的首张合作专辑面世，1995年，李宗盛到马来西亚挑选新人，马来西亚滚石照例整理了一堆应征作品给李宗盛听，光良和品冠的专辑也在甄选范围之内。李宗盛听了几百卷DEMO之后感到疲惫不堪，准备放弃时，忽然听到了最后一卷《掌心》，马上为之一振，当即表示要签下这两个人，并且是单独签约。但当时他们二人是合作专辑，因此签约后暂时无法单独个唱，只能发行两人的合辑，于是在李宗盛的建议下，两人组成了“无印良品”组合。李宗盛不知道的是，当时大马（马来西亚）一家国际唱片公司也正积极准备签下他们俩，但光良和品冠认为滚石更有发展前途，他们很乐意跟着伯乐李宗盛走。于是七天后，两人迅速加盟了滚石。紧接着，以“无印良品”之名发行的《掌心》在大马创下了入围龙虎榜20周，连续10周的冠军纪录。

当时的环境也正处于唱片发行的黄金时期，次年，无印良品在大马发行专辑《多心》，同年专辑《掌心》也在台湾地区同步发行，一发行即成为香港唱片销量榜亚军，销售12周，赢得双白金（白金指百万销售量）的销量；5月，他们又全亚洲发行专辑《无印良品》，此张专辑竟成为IFPI榜继周华健之后第一周入榜名次最高的。

谈及初次发片就取得了傲人的成绩，光良对李宗盛赞叹、感激不已。他说：“当时滚石的企划真的非常厉害，在我们还没出现在公众视野之前，已做了很多铺垫。”

原来，发片前，公司有意安排光良和品冠参与一个电台节目，每晚12点准时开始，名字就叫作“夜猫子”，两人以主持人的身份在节目中聊天，从电影聊到观影禁忌等，话题非常广泛，受到了大学生的热烈欢迎。他们整整主持了一个月，在最后两期时，忽然播了自己的歌，这时所有人才反应过来，原来歌是两个主持人自己唱的。然后，公司又迅速在报纸上为他们做了非常醒目独特的广告，一个横条，一句话："三年来，唯一让李宗盛大哥感动的声音！"第二天的报纸上，用同样的方式揭开了谜底："光良品冠的声音！"

这两条广告，对新人无印良品来说，完全是一个巨大的肯定，自然也收获了巨大的反响。之后公司又安排他们在商场签售，那时候，就已经有许多人争先恐后地排队过来要目睹无印良品的风采了。

接下来的几年，无印良品呈现出不可阻挡的势头。1997年，专辑《无印良品×2》入围第9届金曲奖最佳演唱组奖；1998年，专辑《三人行》入围第10届中国台湾地区金曲奖最佳演唱组奖；1999年，发行精选辑《想见你》；12月发行《珍重无印良品95—99分手纪念精选集》。

1999年12月15日，两人组合正当红的时刻，无印良品却突然通过公司宣布两人即将解散。来年，两人发行了最后一张合作专辑《珍重》，并举办了告别演唱会，宣布单飞。引起轩然大波，众说纷纭，质疑声也此起彼伏。

后来，两人接受采访时都强调："我们好像从来就没在一起过。只是把各自的歌制作在一张专辑里，没想到会红得一发而不可收。两人的风格并不完全相同，无论是从风格还是其他方面都有差异，继续在一起的话会互相影响，所以，为了做更好的音乐，也为了更好地发展，才决定解散。"

并且采访结束时，记者随口问道平时一起都会到哪里玩，没想到两人的回答出奇地一致："其实私下不是最好的朋友，各自有自己的朋友圈子，合作源于音乐工作，除音乐外，也不经常见面。"

这就好像是无法长久在一起的合伙人，企业成功后让人找不到东西南北，不如自己静下心来，独自成长。

2007年，在中国大陆举办首场演唱会时，光良首次谈到组合解散的情况，他说："在'无印良品'组建之初，我希望公司能对这个组合有一个长期规划，然而当两人在歌坛上一炮而红后，公司却立马安排了品冠与周华健、李宗盛合作了《最近比较烦》，为无印良品的单飞做市场试探。”之后，他们发行的两张专辑《想见你》和《别人都说我们会分开》已经暗示了无印良品的结局。因此，约满到期后，光良抽身离开老东家滚石，而品冠则选择续约。

提及光良和品冠，带他们南征北战的宣传人员说：“两个人都不错，形象接近生活本色，没有花花肠子，易于沟通和相处，都是比较好带的歌手，即使通告安排得密集些，也没什么关系。”

谈及更深层次的解约原因，两个人都希望可以给双方多一点的个人空间和音乐发展的可能，同时，他们的性格爱好，也相差甚远。光良遇事比较冷静，凡事必先设计和考虑，用钢琴创作。而品冠感情丰富，做事细致，喜欢吉他创作。两人对音乐的解读也不同，还有一些业务上的互相不服输，因此出现了一些不协调，而随着时光的流逝，这些不协调渐渐延伸、加重，最后变得难以协调。

单飞后，两人依然保持着兄弟情，虽然并不常联系，但彼此生日、逢年过节都会相互发问候短信，谁去了新公司，也会跟兄弟打个招呼，完全没有所谓的“切肤之痛”，无论在任何场合谈起对方，答案都是好朋友，彼此演唱会，也会很有默契地参加，并偶尔做做演唱嘉宾，互相撑场。2008年，光良在中国台湾地区小巨蛋的《第一次》演唱会，场内外挤爆，李宗盛、梁静茹、江美琪、刘若英、曾宝仪等明星都来助阵，品冠也惊喜现身，意外听到品冠的名字时，光良一阵激动，唱到《掌心》这首歌时，他刻意邀请品冠一起上台合唱，此举有力地宣告了他们之间并没有心结，也感动了在场很多人。

单飞后，光良的发展依然非常好，从2001年到2017年，几乎每年都有新专辑发行，并在美国、马来西亚、印尼等多个国家和我国香港、台北、澳门等多个城市举行演唱会，场场爆满，人气依然不减当年，尤其《童话》《第一次》

等歌曲，更是成为脍炙人口的经典。

据说单飞前，光良已经想要放弃音乐路了，甚至在1998年的时候，他一个人来到了纽约，打算离开音乐圈，自我放逐，流浪纽约。

但是，当他看到许多美国人下了班之后跑到地铁里摆个摊子、自娱自乐去唱歌时，他忽然被他们的音乐情怀所打动，此时恍然意识到自己身为音乐人，不懂珍惜所拥有的一切，跑到这里来流浪，是多么荒唐的一件事。

回到台湾后，光良就谱了曲，而李宗盛听到这个旋律后，突然想起了自己的故事，也发生在纽约，于是他一气呵成写完歌词交给了光良，这就是《伤心地铁》："冬天的纽约冷得这样直接，像是你的拒绝，它千真万确让人心淌血，他令你狂野，你们爱得轰轰烈烈，他在等你过今夜，我知道他在这列车的某一节，凭一种那，男人的直觉，去承受这份残缺，当缘起和缘灭，所有的过去要如何重写，我独自在陌生的世界，在这伤心的地铁，这么伤心欲绝当列车停止在第五街……"

后来的演唱会上，光良每次都会提及这段往事，他时刻没有忘记过李宗盛大哥对他的情谊。有一次更是"出卖"了大哥："我们常说女人的直觉很准，其实男人的直觉也很准，李宗盛大哥的初恋在纽约读书，他跑去纽约看望，一拉对方的手，直觉就告诉他，这个女孩不属于我了。果然，女孩提出了分手。李宗盛就在纽约的地铁里过了一夜，然后就有了这首《伤心地铁》。"

单飞后，品冠也没闲着，他忙着创作专辑、参与到电视剧、电影的主题曲的演唱、不间断地举办全国各地演唱会，还百忙之中抽空结了个婚，如今已是两个孩子的爸爸，儿女双全，幸福美满。2018年，睽违两年之久的品冠，再次发片，不少圈中好友如林俊杰、方大同等到场庆祝，自然，李宗盛也是少不了的重要嘉宾。

王杰：最大的意外

成功路上多波折，有梦想的人只要肯坚持，终究有一天会成功！

娱乐圈从小人物摸爬滚打终成大咖的人从来不在少数，有的人是因为运气太好，遇到伯乐，如虎添翼；有的人则比较倒霉，在漫无边际的无望中，渐渐从名利场里消失；有的人更是在名利场中渐渐迷失了自我，消磨掉了所有的灵气和初心。

王杰绝对是一匹黑马，他是这所有不可能中的意外，又是意外中的注定，他遇到李宗盛，是一场意外，他的爆红，对李宗盛来说，也是一场巨大的意外。

王杰是李宗盛看走眼的第一人，也是当年华语乐坛风头一时无二，与齐秦并称乐坛双雄。他凭借自己清亮高亢、声嘶力竭、极具穿透力的声音，外加潇洒英俊、孤独沧桑的浪子形象征服了无数人，他是不羁深情的浪子，也是一只翱翔于天际的雄鹰，他是一代人的整个青春回忆！

就笔者而言，也曾在青春年少时深深地迷恋过这位忧郁王子，毕竟，除了实力外，他身上还有着一种忧郁的偶像派气质！

细细追究，那个时代的台湾地区年轻人，或许也正是在追寻着一种忧伤与彷徨的叛逆，王杰的出现，恰好契合了那个时代所有人的感伤！

事业巅峰时，王杰是中国台湾地区所有歌手中红得难以超越的一个存在，他的专辑张张大卖，无人能及，一张专辑就席卷全亚洲，创造了1800万张，相当于250倍的白金销量的疯狂纪录！可以说，他在乐坛的存在，简直就是运气好得如有天助！

但有时世间事就是这么奇怪，火眼金睛、一针见血的制作人李宗盛，竟然一时大意，看走了眼。这或许也印证了那句话："金无足赤，人无完人"，谁都不可能是十全十美的，谁都有失误的时候。

令李宗盛目瞪口呆的是，王杰后来成了自己所在公司的对手飞碟唱片的法宝，飞碟靠着他一跃碾压了滚石，一时齐头并进，平分秋色，甚至在很长一段时间内，气势有过之而无不及。

一失足成千古恨，这严重的后果，大概是当年李宗盛最不能言说的隐痛吧，别人犯错也许无所谓，但对他而言，压力之大，恐怕无人能及，毕竟，他是有识人之明的音乐教父！

但提及错失王杰，当年的李宗盛也有自己的客观见解："没有颤音的歌手已经火了一个齐秦，唱歌太直白的人，可能将来不会红。"在李宗盛心目中，齐秦的嗓子就像镶了金边一样，犹如天籁，不可能有人再超越他。

王杰跟齐秦都有浪子的气质，既有江湖气质，又有书卷气，唱功雷同，声音却南辕北辙。齐秦婉转哀伤，王杰直接高亢，一对音乐队伍中的孤鹰与独狼，棋逢对手，瑜亮之争，或许在李宗盛看来，是很没有挑战性的一件事吧。

王杰是童星出身，自幼混迹于香港邵氏电影中，12岁时，他潇洒倜傥的父亲，离开了他们，给他心灵造成了不可磨灭的影响，也让他从小就自带忧郁气质，他对爱情不信任，人生态度也相对悲观。最后他没能成为影视一线演员，辗转去做了油漆工、溜冰教练、驻唱歌手、出租车司机、特技演员等多种职业，因为怀揣一个音乐梦，1987年，他以武师的身份敲响了滚石李宗盛办公室的大门。

当时李宗盛推崇颤音，像周华健、齐秦、张信哲等都是这种标准，王杰在他面前试唱了几首歌后，他直摇头，委婉地拒绝了这位明日之星。

“从小到大在邵氏片场我看到太多分分离离、离离分分，在我楼上某些导演或者某些女艺人跟她的男朋友或者老公在打架、丢玻璃，我看太多、听太多，所以后来，我其实有一点点，怎么讲，反感娱乐圈这行。因为我觉得好像艺人都不能太长久，也许在这行久了，不管是利益或者是名誉，这两样东西会驱使一个人改变他的个性。”成名后的王杰袒露自己的内心，其实，从一开始，他就不怎么热爱娱乐圈，之所以当初想要走上音乐这条道路，无非也是为了养家糊口。

那是1985年，王杰独自一个人拉扯着女儿，生活贫穷，为了生计，他每天同时打四份工，过着吃了上顿没下顿的日子。有一次，他的女儿发高烧需要治疗，身无分文的他只得四处找朋友借钱，当时他最要好的朋友开了一家公司，王杰向他借2000台币，那个朋友却说没有那么多钱，只给了他200台币，并且不知是有意还是无意，甚至把钱扔在了地上，语气不善地说：“呐，拿去。”

王杰内心深受打击，这对他来说简直就是一种侮辱，并且之前他还曾帮过这位朋友很多忙，但他还是弯腰捡起了钱，他捏紧了拳头，在心底暗暗发誓，“早晚有一天，我要用几十万的铜币给你砸回去！”

正是这种穷困潦倒的“浪子”形象，让他身上散发着独特的忧郁气质，这种气质吸引了台湾另外一名著名的音乐创作人李寿全，在滚石面试失败后，王杰转身投入了李寿全的怀抱，发行了他的第一张专辑《一场游戏一场梦》，其实这首专辑，也是当时别人挑剩了的，没有人愿意唱的情况下才轮到他，但令人没有想到的是，这张专辑却狂销2500万张，雄霸当时音乐排行榜一年半之久，也狠狠地给滚石杀了个措手不及，自然也叫李宗盛追悔莫及。

可见，命运有时真的会偏爱那些曲折不幸却始终不放弃梦想的人。

据称，当年得知王杰录制《一场游戏一场梦》时，李宗盛还友好地提醒当时的制作人，劝他不要把这首歌唱得这么直，应该加点颤音，温柔一点，否则不可能红的。谁知这一番好意也罢，失误也罢，最终只能让李宗盛无可奈何，暗自遗憾。

其实，从某种意义上来讲，李宗盛是过分看重声音，而忽略了偶像形象这一潜质，王杰的沧桑、忧郁正是符合当年主流市场的，他的红真是适应了天时地利人和，当年的李寿全或许正是抓住了这一特点，才将王杰顺利推向了偶像歌手的行列。

不可否认的是，创作型歌手固然可贵，但包括香港红遍半边天的四大天王出道时也不过是打着偶像歌手的旗帜，在娱乐圈这种看实力也看脸的环境中，长得好看绝对也是很占优势的。

当时飞碟公司为王杰制作的文案就很符合观众审美需求，一下子就戳中了人心。文案是这样写的："他歌唱得很好，他的眼神深邃锐利，他的感情浓得化不开，他的背影比谁都孤单。和其他很多歌星一样，他有段长长的过去，虽然不能忘记，却也不用再提。因为一切正要出发，因为他将成为巨星，BORN TO CONQUER！生来获胜，生来征服——王杰，站在卑微与高贵的交界处，对自己及全世界说：我来了，一切便不一样了！献给在爱情中心灵饥渴，生活中百无禁忌，在音乐中追求个性的一代！（王杰）"

大火后，飞碟唱片乘胜追击，作为唱片公司三巨头之一的陈大力又联合吴楚楚和彭国华为王杰量身定位包装，打造他神秘而又不羁的偶像浪子形象，在音乐制作班底中，更是派出了御用编曲陈志远，以及神秘作词人王文清。

王文清厉害到什么程度？王杰的《一场游戏一场梦》之后，他又为他创作了《忘了你忘了我》《是否我真的一无所有》等一大票脍炙人口的歌曲，香港很多著名歌手，例如陈百强、叶倩文、吕方、彭羚等的成名曲都是他一手创作，特别是陈百强的那首《一生何求》，至今都是难以超越的一个存在。

而陈志远则是中国台湾地区唯一一个凭借编曲就能轻松赚到一亿新台币的音乐人，他也是少有的几个可以称呼李宗盛为“小李”的音乐巨匠之一。

王杰是如此幸运，被飞碟重磅加持的他，怎么可能不红？而他的红透半边天，无疑也为公司增加了砝码。二十世纪八九十年代，滚石和飞碟原属于同一家公司，后来合伙人吴楚楚、彭国华从滚石带走一批人自立门户，在攫取自己商业上的第一桶金后，奠定了基业，于是，“地有滚石，天有飞碟”，让同出一脉的两家公司从此结下梁子，竞争不断。

不过，因为滚石根基更深，资源更多，因此在声势上常常压飞碟一头。王杰的出现，无疑扭转了飞碟的命运，自然，他会因此成为滚石的“眼中钉”。

俗话说，盛极而衰，没有人能逃得过一生都光彩耀人的命运，总是会遇到坎坷的，王杰以后的发展并非那么一帆风顺。

直到后来，事业如火如荼的他，准备再次一飞冲天时，所在的经纪公司竟然突然倒闭了，得到了千万赔偿金后，王杰便销声匿迹了。

之后，王杰得到香港英皇娱乐公司的青睐，签了合同，并发展为横跨影视歌的三栖明星，影响了整个东南亚，一时无人能及。

但众所周知，香港乐坛高度商业化，没人能躲得了包装，王杰感觉自己的底线被强拆了个稀巴烂，后来他与英皇公司因为理念不合等诸多问题而分道扬镳。从此，他成了香港八卦媒体的批判对象，香港的媒体有意扭曲他为“神经质”，怕他把事实说出来。王杰则回应了一句“因为万人皆醉我独醒”，他不干预他们的做法。

各行各业都是竞争残酷的，尤其在娱乐圈这种是非名利场，多少人想着利用手段出人头地，又有几个人像王杰这样一直坚守着初心？后来，最为悲摧的是，有同行故意在他喝水的杯子里投下水银，导致他的嗓子严重受伤，至今无法恢复到从前。王杰说，“我知道他是谁，但我不会说出他的名字来，我觉得他以后会自己忏悔。”

性格决定命运，在鱼龙混杂的环境中，王杰的特立独行，也为他的人生酿就了苦果。从贵为天王，变成了与传媒为敌；从炙手可热，变成了一度沉寂，无人问津。不能不说，命运的确是偏爱与人开玩笑的。当然，这都是后话了。

而在当年，王杰拿着唱片销量三连冠的成绩狠狠打脸滚石，为了修补一念之差带来的严重后遗症，滚石派出了陈升（刘若英的恩师）与之对垒，风格风马牛不相及的两个人根本没有可比性，王杰的唱片张张都销量过百万，而陈升则以连零头都不及对手的销量惨败。这也成了当年最毫无悬念、实力悬殊最大的一场战役。

其实，李宗盛与王杰都是坚守音乐创作底线的人，他们不会被外界浮躁的声音所左右，始终保持内心的那份骄傲，在音乐的道路上兢兢业业又严肃认真，本质上，他们应该是同一种人，只不过好像缘分欠缺了一些，两人的分道扬镳，也许从某种意义上来说，更是一种相互促进、激励、反思，毕竟并不是所有好的人都能成为挚友，有时候，只是差了那么一点点运气，无可厚非，却又理所当然。

他现在常用一笑而过回复别人的攻讦，昔日浪子的他，早已看开、放下。

“如果老天爷还觉得我王杰在这个地球上有一点功劳跟苦劳，能够赐我一些小时间，还刻意让我去过一些或者自己想去流浪的生活，能够给我这样子一点点小时间，我已心满意足了。”52岁时，王杰在接受采访时，很是平和淡定地说出了这些话。

谁都有英雄迟暮的那一天，遥想当年，叱咤风云，独自站在人生巅峰上笑傲歌坛，当初是何等风流，如今就经得起多少嘲讽，他不会因此而辱没他的人格和尊严。而李宗盛，则仍是那个年过半百，却依然和善可亲地唱着“越过山丘，却无人等候”的沧桑大叔，他依然备受众人喜爱。

与往事握手，英雄当相惜，希望他们有朝一日，能珠联璧合，有一个崭新的合作，就当是弥补当年那一个小小的遗憾吧。届时，那一定是“众里寻他千百度，蓦然回首，那人却在灯火阑珊处”的可歌可泣!

Chapter 4 嬉皮笑脸面对人生的难

人有时候需要一点点刺激，最常见的就是你的女友离你而去，我们每个人都有一卡车的难题，因此才最终明白人生追逐的意义。

我写的不是歌，是人生

如今有一些歌，或炫技，把别人的歌改得看似神乎其神，却听起来并不耐人寻味；或无病呻吟，为赋新词强说愁，为博取大众眼泪不惜铤而走险；或辞藻繁复华丽，看似才华横溢，却叫人不知所云；或纯属高模仿，飙高音，晒演技，连原唱者的表情都模仿得十分到位，却完全跑偏，根本没有体现出原创者的歌曲精髓……

其实，造成这种原因无外乎两点：第一，对自己歌唱水平的过度浮夸、自负；第二，没有那种深刻的经验体会，没有达到那种人歌合一的境地，所以即使是经典，也能唱出一种诡异感来，让人感觉非常空洞。就像看一场宣传过度的电影，会场里只有自己，那滋味是相当不舒服的。

这是个快速发展的时代，好像一切的努力都在与光阴较劲，落后一步，就会跌入万丈深渊，无法翻身。于是乎，汲汲名利者挖空心思想尽办法，为博眼球，不惜一切炒作手段，或包装，或吹捧，或大肆炫耀，总之能派得上用场的全部一个不落，而不被当前接受的，就果断抛弃，不管它是不是具备任何品质。

因此，如今的歌唱市场上新歌层出不穷，然而真正的好歌，却并不多。喜欢听李宗盛的歌，就在于它经典，它是可以留下来的，是可供几代人回忆并能反复咀嚼的，因为他并不纯粹为写歌而写歌，他的每一首歌，其实就是一种人生，不同的听众，都能从其中的一支歌曲中，忽然找到自己。

人生不就如歌吗？不论我们春风得意马蹄疾，抑或情场失意、工作不顺、事业失败，身边的人，以及身边的故事，总是能赋予我们不同的生命体验，让我们从中得以共鸣，弥补缺失，抵达真谛。

而李宗盛最擅长的就是用心捕捉每一个人，他能读懂你的内心，他可以为你去创作他认为值得的，他像一位知己，更似一位千帆过尽的老者，在娓娓道来的一个又一个动人的故事中，他会自省、会自嘲、会戏谑，也会带着点谦逊的狡黠，他的歌总是带着自己的独特烙印，让你一听，就知道这是李宗盛，让你能感同身受，却又明白，那不过是他眼里别人的故事，与你自己毫不沾边。

他的歌，就是不同的人生淬炼，闪耀着青春、洋溢着热情，也散发着淡淡的哀愁与忧伤。他用歌曲道破人生的厚重，是阅历，是他赐予你的机缘，它们更适合耐心聆听，细细品味，反复咀嚼，成为压箱底的那件旧物，但却在任何时间里拿出来，都能为之一颤，感慨万千。

“我们的爱若是一种错误，愿你我没有白白受苦。”他把这句话分别送给了两个女人，第一任妻子朱卫茵，以及第二任妻子林忆莲。当我们好奇他的这两段婚姻史时，忽然会从他淡淡的叙说中明了，原来在他看来，“爱情不过是一场高烧，思念是紧跟着好不了的咳”，因为用情太深，所以“旧爱的誓言像极了一个巴掌，每当你想起一句就挨一个耳光”。

没有经历过失恋的人，不曾用情极深的人，又怎能体会出这种矛盾的心思？感情如若太单一，那它就展现不出复杂的魅力。重情的人，也许每天纠缠在矛盾与挣扎中，可又是对人生另一种天真的回应。而这足以让人震撼，因为它跟快餐歌完全不能相提并论。

“一天又过一天，三十岁就快来，往后的日子怎么对自己交代……”这首《寂寞难耐》在他二十七岁时演唱，我们听出的是年轻人对爱情的青涩、矜持与不敢行动，而到了五十而知天命的年纪，生活已经安定，感情早已淡然，再听这首歌时，又是一种滋味，他把歌词随性改了改，又是一种人生版本：“一天又过一天，四十岁早过去了，往后的日子不再向任何人交代。”曾经的青涩变成了坚定，也淡淡流露出一份豁达，一丝感伤，一种被捧上神坛但却只想远离俗世的悠然与潇洒。

歌与人是一体的，没有歌，人生枯燥乏味；没有人，歌曲便失去灵气，犹如一片羽毛，轻飘飘地找不到落脚的地方。没有经历的人，不配写歌，也不配唱歌。对歌的喜好，多少能体现出一个人的品质来。

但华语流行歌曲似乎爱犯一种病，那就是太煽情，把自己的那一丁点儿的苦无限地放大，以此来讨好那些所谓的怀揣梦想以及热衷于听煽情故事的人。李宗盛虽然一直在写人生，可他不会刻意让自己的歌都显得那么轰轰烈烈、刻骨铭心。他热爱写普通人的生活，习惯写普通人的情感，就像你我之旁的一位观众，盯着你，你却毫无察觉，但他的眼里却分明闪烁着亮晶晶的火花。

他也从来没有刻意去写歌，必须要有所触动才会做。首先感动他自己，然后才能感动别人。他的写作动机首先是纯粹的，据说，有人曾鼓动他以赈灾为题写一首歌，一定会很叫人潸然泪下，但他果断拒绝了，他更关心灾区人民的生活，以及自己如何去尽力帮助到他们，给予他们最实惠、最质朴的帮助，此时，他连起码的创作欲望都没有了，哪还有心情去谱一首歌？

对他来说，创作的动机毫无疑问必须是单纯的，他曾奉劝年轻人，现在的乐坛大腕儿很多，可创作力量却都在民间，其实音乐创作，基本是很单纯的事情，只要把生活中的细节简单地展示出来，并不是要抱着必须写很大的题材，并且能一炮而红的心愿，作品本身所能体现的价值才是最重要的。

歌与人，首先是境界的结合体。于是乎，当我们听着一个略带低沉沙哑沧桑的声音出现在耳畔时，会禁不住惊喜，这个人他一路走来，到底都经历过什么呀，是怎样的波澜壮阔呢？要如何奋力成长，才能从平淡与感悟中，创作出如此直抵人心的佳作来？他写的每一句话，几乎都能道出一个深刻的道理、一个鲜明的画面、一个饱满的形象，都像是钻到了我们心坎里。没有挣扎过、迷茫过，甚至对自己倍感绝望的人，是听不懂他歌里的韵味的，因为他的歌就是人间烟火，世间万象。

他曾经是个毫不起眼的小人物，因此他更关注于这个群体，更懂得如何才能将他们刻画得入木三分，也更懂得成功与失败的滋味。所以，在他的作品里，除了缠绵悱恻的爱情，你还可以看到命运纠葛等风花雪月外更为广阔的人生。

“你从那些艰辛的日子走来，是怎样莫可奈何的忍耐，而从前未曾给我的爱和关怀，今天在你带泪的笑里找来。谁说我的命运好像那油麻菜，只是你不知道将它往哪里栽。就算我的命运好像那油麻菜，但是我知道了怎样去爱……”经历过所谓“世故”的人，都能从这首《油麻菜籽》中听懂他要告诉你什么，他懂世故，但他并不世故。

他的可爱就在于，他要教给你的是，几乎每个人其实都这样生活，他在《凡人歌》中写道：“你我皆凡人，生在人世间，终日奔波苦，一刻不得闲。你既然不是仙，难免有杂念，道义放两旁，把利字摆中间，多少男子汉，一怒为红颜，多少同林鸟，已成了分飞燕。人生何其短，何必苦苦恋……”他要你去懂，其实我们每个人都差不多，因此，我们都有过睡不着觉、放不下心、难以熬完的夜晚，都在整日奔波忙碌，都是如此平凡。

生活不只是诗和远方，相反，有时候你要坦然面对那些不愿触碰的苟且，然后才能努力地改变自己，成为真心英雄。因为，“不经历风雨，怎么见彩虹，没有人能随随便便成功。”

听他的歌，更多的时候就像是听未来的自己在谆谆教诲着自己，没有批判，没有剑拔弩张，没有刻意的煽情，也不会让你感情激烈，但是在听着听着的过程中，我们会情不自禁地回忆着生命中那些最宝贵的东西，会泪流满面，也会转过身去，懂得为自己保留几分尊严。

无论是爱情，抑或其他，不管痛苦如何令人挣扎折磨，但最终的结果都是要懂得放下，这样才能有个好的结果。而在这个过程中，你必须先咬着牙走下去。

人生总是太匆匆，当爱已成往事，忘了你，忘了我，也忘了痛，因为“只要有爱就有痛，有一天你会知道，人生没有我并不会不同，人生已经太匆匆，我好害怕总是泪眼蒙眬，忘了我就没有痛，将往事留在风中”。

停停走走、兜兜转转的十年光阴，李宗盛只创作了一首早已谱好曲的歌《山丘》，他将人生的起起落落、爱恨离别、悲欢离合、伤春悲秋，全部写进了这首歌里，“越过山丘，才发现无人等候；喋喋不休，再也唤不回温柔”，原来，人生纵是繁华如春，到最后总也抵消不了那平凡和琐碎，而这种落叶归根似的清愁，也只有如他一样越过山丘才会明了。

“等你发现时间是贼了，它早已偷光你的选择”，人生不真的就是这样？等你知道了什么才是人生，它却早已将你带入半生流离，再也无法返回，你也奈他不何。仿佛就是在那一瞬间里，一个人，终于发现自己成长了，再也不能心无旁骛地讨论自己是幸或不幸，毕竟已经走到这里了。

张艾嘉说“每个人心中都有一首李宗盛”，从小李到老李，半生辛苦琐碎，最后却归为“越过山丘”。我们每个人都将遭遇对自我生命的回味与致敬的日子，心底的柔软还在，部分情愫却永远只能被掩埋，从泪流满面，到潇洒走开，时光未老，我们裹足前行，他却已经先以过来人的姿态虔诚地告诉你，对待生活要知足常乐，珍惜当下。

听李宗盛的歌无疑让人感到扎心，喜欢听他歌的人，大多应该是中年人、有故事的人，爱听他的歌，证明你终于成长了。如果你曾在情爱中迷失过自己，听一听李宗盛；如果你想知道如何去爱一个人，听一听李宗盛；如果你还在煎熬地奔跑，听一听李宗盛；如果你想知道人生是怎样起起伏伏、缠绵悱恻，也过来听一听李宗盛，他绝不会让你失望，只会带给你想象不到的惊喜。

最大的痛苦是发现大多数音乐是垃圾

2017年的某个电影节上，一向心直口快的某位导演将低质量低水准电影太多的原因归罪于观众。一石激起千层浪，仁者见仁智者见智，先不讨论这言辞对不对，但这句话透露出的深层信息是，观众在这个时代的审美还不足够好。

那么问题来了，假如多数观众的审美水平都有待提升的话，那么，谁来拯救他们？究竟是他们自身的原因，还是外界环境的影响？无疑，当全中国的电影导演都拍出《阿甘正传》《肖申克的救赎》这种水准的电影来时，国内的观众对于烂片的票房提供率就一定不会那么高，这其实是一个双向的互动。

与其责备观众，不如想一想怎样净化这个市场，怎样拍出更高水准的好电影。悲天悯人者，一定不习惯只单独责怪别人。但接着问题又来了，净化市场哪有那么容易？它肯定不是一个人能力所及的。因此，像上面这样义愤填膺，其实是另一种变相的担忧，他的发飙应该引起足够多的重视。

与这个观点略微有悖的是音乐大师李宗盛，他则把目光首先投到了创作者本身去，他说：“各位的审美，决定着我们这个时代的音乐面貌！”并直言，现今音乐界门槛太低，大部分的内容都是垃圾，一个行业的血管有了，道路的平台有了，大佬们的资金也进来了，可真正有价值的东西却并不多！

他反问："当我问你这首歌难听得会死，你明明觉得很俗，可是他会让你挣很多钱，你会不会因为这个原因不去宣传推广？不去想办法拉拢所有的关系让他值钱？"他认为造成这种现状的原因，就是"我们（群众）成就他的"。

李宗盛大张旗鼓地呼吁产业者能够在音乐人与生意人之间维持平衡，要首先保住产品的质量，才能保证艺人的质量，才能决定流行音乐的方向。

李宗盛是站在"自身"的角度去剖析、去反省，而不是埋怨观众无知和愚昧。市场的走向，更多的时候由产业主导者决定，去埋怨一个追风的人，显然太牵强、太刻薄。

正如李宗盛所说："媒体不要小看自己，听众是猪，你喂他什么饲料，他就长什么样子，持续喂他便宜的东西，他就变得很便宜。"

音乐人姚谦也说过，这个时代，认真玩音乐的人越来越少了，而且出现青黄不接的势头，音乐人一旦红了，就改去拍电影，即使是网红，也比音乐人日子要好过一些。

不得不说，这种尊重音乐的精神，对许多人来说，已经变得匮乏了。早在2011年，李宗盛就曾炮轰过："大家焦点不在音乐，先红再说，利用音乐赚钱，根本没尊重音乐。"

对于他的抨击，乐坛集体保持了缄默，无人反驳，也心照不宣。他是老式的创作者，奉行匠心精神，对音乐的态度值得人敬重，对于时下流行的炒作手段表示嗤之以鼻，虽然深知他对于音乐的热情，但许多人还是该干吗干吗，怎样最赚钱就做什么，"你卖弄你的情怀，我继续我的生意"。

"我不在乎赚不赚钱，更在乎有没有写好的歌，以及歌曲对这个时代的意义。"李宗盛如是说。他本着这样的原则去写歌，他的歌不论何时何地，总能轻易地引起人的共鸣，从这个意义上来讲，他是对的，是大赢家。但对现在的流行乐坛来说，可能很多人更在乎的并不是歌手的定位、歌曲的质量，而是想尽办法将它变成一个名利场，一个赤裸裸的掘金矿地。

就拿各种选秀节目来说吧，当一个歌手得到了某位导师的力捧时，在台上开始变得轻飘飘，罗大佑立即一针见血地指出来，颇为用心良苦。可导师的风格迥异，擅长拉拢人心、煽情者也比比皆是，有人会直接为了利益袒护自己的门生："我觉得唱歌好不好，跟他此时的态度没有太多关系。"

其实，我们做任何事，不都是态度决定一切吗？如果一个人只会模仿别人唱歌，而缺少对音乐最起码的态度，这样的人又有什么资格去做歌手？

泛滥的炒作手段往往掩盖了歌曲本身，动辄就是一出泪目大剧，博取观众的同情，有关私人生活的曝光，远远超过对个人唱歌水准的评论，更不要说早已设定好了的桥段。

善良的大众，多数是容易被忽悠的，毕竟敢讲真话的人并不多，当一团人合起伙来欺骗时，火眼金睛、不愿苟同的人就显得尤其可贵。各种选秀节目的初衷真的是做音乐，还是为了赚钱，歌手是为了提升自己的音乐水准，还是最终沦为炒作成了跟别人一起牟利赚钱的工具，抑或是迅速沦陷，志同道合地配合？不明真相的观众是难以厘清这其中的来龙去脉的。

"原本一堆鸡要喂鸡饲料才会长大，突然有间唱片公司喂碎报纸，发现有些鸡长得不错，于是其他唱片公司模仿，所有听众就开始吃碎报纸，以后你喂鸡饲料，它反而不会走了。"李宗盛用鸡饲料的说法来比喻当今的流行音乐市场，他不无担忧地说，"很多公司在并没有规划好歌手的未来发展计划时，就先拍了MV，大家是视觉动物，会被画面吸引，却不重视音乐本质，所以说，振兴华语乐坛，是音乐人的本职所在，而不是那些所谓的选秀节目。我们自己要承担这个责任，现在我们是重建自己的审美阶段，所以我们的审美要如何建立，这是一个很大的课题”。

谈及选秀节目，李宗盛说他从来不看，他说，“我没有看不起这些节目，虽然我没去当导师，但我的确跟他们聊过几次，这些选秀节目究竟有什么意义？从买来的版权或是什么样的风格，他们本来就是一个媒体，做一个很红的节目，赚得盆满钵满，本来就是已经够伟大了，你凭什么要求一个媒体负起振兴华语歌的责任？不可能！所以他们干得已经不错了，振兴华语流行音乐的责任，是我们的，不是媒体的。”

不得不承认，在这样的娱乐大背景下，由于娱乐性质的增强，音乐人的作用在逐渐下降，一切构架都摆好了，音乐人只不过是到现场为活动摇旗呐喊，站台助威而已，选秀歌手还没有属于自己的音乐作品，就已经是著名歌手了。在这种意义上，音乐只是占了娱乐的一小部分，谈何创作呢？

在那样的环境下，过于严肃而理性的人，往往会显得出力不讨好，一旦达到对峙状态，甚至还会被媒体扭曲，从而起到误导大众的目的。

切实关注歌手，为他们去做歌，将歌的本质还原为动听和感人，在李宗盛看来，这才是要紧的事情。他自认是一个严厉的人，十分热爱这个事业，因此才会把它剖析得如此犀利。“看到不太相干的人来搅和，觉得非常不开心。”

同时，他也反问，当人才具备时，产业能否有好的经营模式呢？他举了金城武的例子。

金城武在中国台湾地区发过唱片，但未能大红大紫，可当他去了一趟日本，却迅速脱胎换骨，成了巨星。为什么呢？李宗盛认为，那是因为“人家流行音乐的审美水平比我们高。你有一个金城武这样子的材料，但你却做不出一个日本人的金城武，这些责任都要怪罪于我们。”

当音乐成为滥觞，我们的情怀已无处安放，这才是李宗盛最痛苦的地方。

上海和北京

李宗盛有三个家，简要地说，台北是他的出生地，上海是他的伤心地，而北京则是他的第二故乡。

三个家之中，上海和北京对他有额外的意义。他在上海定居两年，在北京生活则已有十年半。他偏爱北京，这里是他婚姻的终点站，也是他重新起锚的新起点。

2001年3月，李宗盛陪着他的第二任妻子林忆莲回到了她的故乡上海，来到这样一个全然陌生的城市里，他毫不慌张，临行时，家里所有能带的东西几乎全部被扔下，他说，“上海什么都有”。可就是在这个偌大的城市里，他却对于将要面临的生活毫无准备，甚至变得无所事事起来。满载着一腔热情来到这里，迎接他的却是孤独和寂寥。

那时候，李宗盛就像一个大闲人，成日围着家庭转，可矛盾却也开始撕裂，渐渐地让他有些无所适从。拼尽一切去爱的勇气，好像被一盆冷水泼到头上。他花了大部分时间在家庭生活，而爱情却并没有完全给予他完满的答案，事业也跟着琐屑和迷惘。在上海，那些从未体验过的大把大把的时间里，他会蹲在桂平路上吃西瓜解渴，跟所有等待工作机会的民工一样毫无二致，活得像一碗隔夜面条那样缺乏光泽松垮肿胀。

时过境迁后回首这段岁月，李宗盛形容它是一种试探，“如今我喜欢将上海的生活解释成一种试探，当我事过境迁往回看，它揭发了我不愿承认的懦弱，或提醒了我从不自知的坚强。只是当时我不知道这两者对我都是好的。”

那段时间也是他的瓶颈期，但他亦知道人生本就上上下下，起伏不定，没有谁能保证一定红一辈子，就像没有人敢说自己第一首歌就一定会爆红一样。两年的生活里，他将上海全部逛了个遍儿，他仍在不断思考、寻索，试图找到下一个出发点。

2003年下半年，在李宗盛的决意离开下，他带着林忆莲跟女儿一起来到了北京，工作室也随之迁移至此。但他并没有发觉，不幸将接踵而至。

跟在上海一样，在北京李宗盛当时并没有多少朋友，这里依然陌生得很！搬过去的时候是十月底，北京的严冬即将来临，这个城市的冬天用寒冷考验着每一个北漂至此的人。他分不清东南西北，工作室里刚刚装修完的供暖设备却失灵，屋内的温度让他忍不住哆嗦，而院子里狗仔队则一天到晚架着相机在那里牢牢地守候着，他常常躲在录音室里不敢出门，一天到晚对着那些器材发呆。

唯一令他感到欣慰的是，搬到新居“美丽亚洲假日花园”定居后，李宗盛跟林忆莲常常带着他们的女儿喜儿，以及前妻所生的两个女儿，一起到北京市中心的“东海海鲜酒家”吃午饭。彼时，五岁多的喜儿坐在父母中间，高兴得手舞足蹈，一边吃着东西，一边与他们做着游戏。林忆莲会帮她擦去嘴角的黄油，而李宗盛则与她手掌拍手掌，玩得不亦乐乎。

那段短暂的美好，后来经林忆莲回忆，是这样子的：“喜儿是我们夫妻的美丽天使，每晚她都要亲了我们才肯睡觉。”

而尴尬的是，坐在他们对面的前妻所生的两个女儿则跟保姆坐在一起不说话。家庭结构的复杂，或许多多少少也对两人的感情有过一点点影响。但值得肯定的是，时过境迁，如今，这三个同父异母的姐妹，仍然亲如家人，能非常和睦美好地相处。

当时，不止是李宗盛，林忆莲也将大部分心思都投入到了家庭生活上，她过的几乎是半隐居的太太生活。吃完餐后，她会让服务人员帮忙打包，全心全意地照顾着三个孩子。

婚后，两人的事业均走了下坡路。李宗盛与滚石满约后没有再续约，林忆莲再出江湖，身价也由高峰期的八十万元降至一半，在北京举行的演唱会，要通过买一送一的活动做促销，然而又因非典的突发而不得不取消，令她大为伤感。而李宗盛也被人质疑江郎才尽，音乐创意过时，不得不为好友的演唱会做做嘉宾，自己表示过要举办的演唱会一直因各种原因未能落实等，夫妻俩为了事业，不得不反复搬家，一起生活的五年，他们带着三个女儿反复搬了七次家，在上海、温哥华、新加坡、北京这些城市来回奔波，过着居无定所的日子。

曾经辉煌，而今不济，两人的愁苦不言而喻。没多久，他的第二段婚姻在不可名状中解体了，对李宗盛来说，这是一个异常糟糕透顶的开始。签字离开酒店的那一刻，内心强大的男人，仍忍不住落了泪，浑身打了一个寒战，发生过的一切，犹如做了一场噩梦，梦醒时分，他与心爱的人，各奔西东，从最熟悉的家人，变成最熟悉的陌生人。

但这里却又忽然有了他的事业，华纳前副总裁、著名音乐操盘手宋柯领军的新唱片太合麦田公司专程邀请李宗盛携手打造第一首奥运主题歌曲，并大力邀请各大影视明星及乐坛名将悉数参加。对宋柯来说，没有人比李宗盛更适合创作这种气势宏大又旋律动听的歌曲了，他听过无数遍李宗盛为成龙创作的那首《真心英雄》，找到李宗盛，是万无一失的保证。

于是，在人们印象中早已深居简出的李宗盛又出现在大众视野，对于音乐，再次投入到“喝酒聊天”的热情。那是整个音乐行业的体制发生改变的时代，是作为音乐人最艰苦的时代，所有的东西都被娱乐化，流行音乐也成为一种工具，这让李宗盛格外苦恼。他说：“所有行业都在做同一类产品去卖给小朋友，让任何一个心境成熟的人，很难去买到一张与自己心境相吻合的唱片。”他的音乐生涯也面临是否顺应市场与转型的严峻考验。

但固执的李宗盛绝不会为了迎合市场而放弃自己的原则，他依然坚守在自己那一块阵地上。那一年，张艾嘉、刘若英、李心洁组成的师徒三人演唱会邀请李宗盛为其首张专辑操刀制作，李宗盛欣然答应，好友张艾嘉懂得他的坚持，亦支持他坚守信仰。

渐渐适应北京的生活习惯后，李宗盛的台湾闽南话腔也渐渐融入了北京的“味道”。他可以用“倍儿爽”“靠谱”“唠嗑”“您丫”这样地地道道的京腔与他人调侃了，他在北京798艺术区开了一家餐厅，并接着经营他的木吉他制造厂。

更多的时候，李宗盛会像我们身边的一位普通大叔一样，每天骑着自行车沿着北四环走走停停，沿途欣赏着周边的风土人情。他非常低调地写着自己的文字，从不爆料，也不夸张，如同更多的平凡百姓一样过着最质朴而平静的日子。偶尔，他也会开一辆大众车，跟成千上万的男人一样，一边忙碌，一边想着如何更好地养家糊口。

那几年，想要更亲密地接触一下李宗盛，无外乎两种方式：演唱会和他每月一次举行的“生活家的院子”座谈会。他先后在北京、上海举办过数场演唱会，每次都达到一票难求的轰动，但与之相反的是，座谈会的气氛却温暖而质朴。有时，他会坐在人群中心位置，让一群音乐人围着自己提问；有时候会与大家面对面而坐。他要求每一个来到的朋友都要准备一个问题，他会非常真诚地回答，像答辩解惑，也像言传身教，他愿意分享自己所有的经验，很平和，完全没有明星架子。散场的时候，还会颁出一个“最佳营养奖”以此犒劳准备最充分的那一位，奖品就是自己的一张签名海报。

对于举办这样的沙龙，李宗盛每月都会提前准备，胡子拉碴的他看上去非常慈祥而温厚，走过风风雨雨已经变得非常淡然的男人，对他所热爱的事情异常较真，对于音乐的执着，他分外希望感染着每一个有梦想和追求的年轻人。他已淡出江湖，但江湖依然有他的传说。如今的90后，也能从他的歌曲中回味无穷，感受出无穷无尽的魅力来。

在北京的日子，李宗盛最大的乐趣就是做饭，他把年迈的老母亲也接了过去，带着与前妻所生的两个女儿，四人一起生活在一起。他会每天亲自下厨，准时为家人做出满足她们口味的佳肴。他会亲自挑选食材，钻研食谱，连做菜的香料都是自己在阳台上种的，即使外出旅行或者工作，也不忘买来一大堆新鲜香料。对于做饭，他享受其中，又精益求精。

家里来了客人，李宗盛也会亲自下厨，为了做上可口的佳肴，他会连续跑好几个超市去买理想中的食材，有时，胳膊被溅起的热油烫伤，他也丝毫不以为意，依旧享受做饭的过程。对他来说，能让家人与朋友吃上自己认可满意的饭菜，实在是一种荣耀。

大部分时候，李宗盛会待在家里陪着母亲及女儿，看护她们写作业、背书，而很少出外应酬，倘若是避免不了的场合，他出去两天，就要连忙赶回来，很怕自己不在家，家人会吃不好。有一次他回来晚了，孩子们已经出去了，桌子上留了一张纸条给他：“爸爸你太辛苦了，这几天你在干吗呢？你不在家，菜都变得不好吃了。”他与家人的相互依恋，达到了几乎一日不见如隔三秋的境地。有了家，李宗盛觉得一切都变得温暖而美好。

孩子上学，每次都是李宗盛亲自为她们准备便当，让她们带到学校里。因为他做的菜实在味美，女儿在朋友圈觉得倍有面子。晚上孩子睡觉后，他还会跑到她们的房间，看一看有没有踢被子，然后轻轻帮她们重新盖上。

喜儿跟着林忆莲生活，每逢想念她时，他也会打电话给林忆莲，请求见女儿一面。然后，他带着三个孩子，在北京、台湾、香港三处跑。不仅会花去很多飞机票钱，还特别大费周章。对此，他颇为自嘲地说："离过一次婚的男人已经够苦，离过两次婚的男人，更是苦上加苦。"

他亦害怕孩子们将来都长大了，她们会叛逆。对他来说，享受家庭的温暖比什么都重要，他坚持平和、安静、不设限的教育方式，对女儿们的学习，他从不会担心，即使北大清华考不上，也没什么关系。他只关心她们每天过得开心不开心，对世界有没有好奇心。

从绚烂的舞台回归到平静的凡人生活，李宗盛自嘲是"寂寞难耐"，为此他还创作了歌曲："寂寞难耐，寂寞难耐，爱情是最辛苦的等待，爱情是最遥远的未来。时光不再，啊时光不再，只有自己为自己喝彩，只有自己为自己悲哀。虽然曾经有过很多感情的债，对于未来的爱，还是非常期待……"

然而有时候，他又显得过度悲哀，用表面的潇洒来掩盖内心的苍白。他在《因为单身的缘故》里将这份故作潇洒的无奈，透露得淋漓尽致："因为单身的缘故，日子过得比较素，刚开始有点难度，现在比较知道怎么对付，偶尔我难受的时候，就走近南面的窗户，看看世界给我是清朗还是雾。喜欢独处，并不等于蓄意陷溺在孤独，我相信当无其他救赎，人能格外的清楚，如此这般的活着，并不意味着我再也不贪图。我只是，比你忍得住……"

喜欢他的人都希望他能趁早再找个伴儿，能有个好的女子照顾他。对此，他搞笑地回答："身为大叔经常被问如何把妹，我的把妹秘诀只有一条：'只有妹把我，哪有我把妹，若无妹把我，我就早点睡。'"

有一年过春节，他呆站在北京家里的窗户前，望着外面热闹非常的迎春场面，寂寥得不知道如何是好，幸好罗大佑解救了他，"过来一起啊"，一个电话，将他从孤独中带回到现实。没有爱人，但他还有家人和朋友。

也许孤独是根深蒂固的，但期待也是万古长久的，希望他的孤独有一天会被人连根拔除。摆在他面前的，不再是一道卤肉饭，一杯红酒，而是两道卤肉饭，两杯红酒，和一张称心如意的笑脸。

先把每一天过好

2017年10月，上海世博园举行了为期三天的“简单生活节”活动，李宗盛作为大会主席，携好友张培仁（创始人）、制作人贾敏恕和导演李琳，以及明星张艾嘉、刘若英、张震岳、黄韵玲、李志等，约60组音乐人参加，这个以“简单的一天”为主题的活动看似简单的发布会，不仅非常有创意，还特别“不平凡”。

发布会的主视觉背景板上，粘贴着各色的纸飞机，寓意最美好的人、事、物都在“简单生活节”上得以汇聚。李宗盛更是与台下的观众现场分享了自己这么多年来的感受，他说：“每一个看似缤纷的色彩和美好的生活背后，必定都包含着艰苦的努力和持久的耕耘，今年的主题看似简单，其实最难，每一个年轻人的奋斗，他一分一秒的积累，都是在期待属于自己的那一个不简单的瞬间。而这个瞬间来自每一个简单的一天。”

五十岁以后的李宗盛，生活的确比以往简单了许多，他专心制琴（做吉他），在北京还开了一家自己的四川口味的饭馆，平时几乎不太对外开放，只是偶尔与一些好友在饭馆里相聚，他骑着自行车，每天穿梭于菜市场与学校之间，将自己的兴趣爱好投入到了给孩子们做饭上。他的生活简单到跟普通人无异，如果你不晓得他曾是叱咤音乐界的大人物，你一定不会想到，他竟然是那么熠熠发光的一位乐坛泰斗。无论对待生活的态度，还是对人生的追求，他早已变得从容、淡漠，不紧不慢，优哉悠哉地活在自己的世界里。

台下每每涌现不少年轻的音乐人，李宗盛就会谆谆教导："别着急，专心致志，简单生活，我们希望大家静下来，把每一天过好，才能有一个不平凡的瞬间。"

明星人物倘若在台上放空话，台下的观众，尤其是学识渊博的大学生们，一定会集体起哄，这种现象并不罕见。但快六十岁的李宗盛说起这些"大话"来，得到的却是一片热烈的掌声。

人人都知道，他也有着很不顺心如意的过去，他的每一步走来，都是全心全意地付出，不断给自己施压，时刻提醒自己保持警惕和创作的旺盛力，才好不容易取得了今天难以超越的成就。

李宗盛坦言，对于年轻人，他每每都会感觉到压力，他们好像时刻都在追赶着，那些生机勃发的年轻人像长江后浪，似乎随时都能把他这个前浪拍在沙滩上。因此，他从不允许自己骄傲，更不会自大，他还想亲自看一看都是哪些年轻人能带给他压力，怎样的压力。

无疑，这是一种简单的生活态度，但是也是一种严肃较真的态度，跟自己较真，跟年纪较真，也跟心态较真。

偶尔，我们会听到身边人喟叹自己"真的老了"，但是面对这样一位白发不停地生长，胡须也开始变得花白的长辈，听他唱着"越过山丘，却发现无人等候"时，谁还好意思再发出那样的感慨？

年轻时，我们都曾因这样那样的事情迷惘过、彷徨过，我们不知道站在人生的十字路口时该如何抉择，一方面想要追逐自己的内心，一方面却又在家长的苦口婆心下，违心地选择另一条人生道路。当我们再回首时，曾经美好无比的青春梦，不知道何时已经变得无影无踪。

本该属于简单的年纪，我们做着不简单的梦，然后在不简单的梦想下，变得不再简单。“每次夜深人静的时候，我总是睡不着，我怀疑是不是只有我的明天没有变得更好”，在胡思乱想的折磨下，失去了最初的纯真。

一眨眼，我们步入了中年的行列，又开始了新一轮的喟叹：“最近比较烦，比较烦，总觉得钞票一天比一天难赚”，甚至在突如其来的成功面前也变得不知所措，“我想我还是不习惯，从默默无闻到有人喜欢”。

有些时候真的是这样，越过了无数山丘，攀登到了人生顶峰，可我们难以置信，生命中那么多的困难，怎么就那样迈过去了？更多的时候，更多的人，则是半途而废，一声叹息。成功与失败隔海相望，看似咫尺，又远隔天涯。

我们追着追着就忘了原先的简单和快乐，再也找不到那份纯真的心境，哪怕揣着厚厚的钞票，也只是歪躺在沙发上叹息：“为什么这么累？”

对于未来，我们永不满足，迈入中年更是诚惶诚恐，为何还出发在探寻的道路上？却对于前方，怎么也看不到岸。我们都在折腾，只是每个人的领域不同而已。

其实，简单也意味着折腾，把自己所钟爱的事情折腾到底，心无旁骛，即便人生走过了大半个旅程，你仍可以称得上是一个简单的人、可爱的人。

虽然偏安一隅，但李宗盛从来都是一个爱折腾的人，无论音乐还是感情。2014年，他拉着好友张培仁以及导演贾敏恕，把“简单生活节”搬到了上海来，不仅有阵容强大的演出，还集结了主题创意市集，把想要表达给年轻人的，统统用最诚挚的方法呈现出来。

他的简单在于，在如今这样一个浮躁的年代，他依然把音乐创作的初心保持在探寻“情感”上，他认为更多的事“都能够回到情感上，也应该回到情感上”。而相对于情感，更多人看到的则是名与利。

“简单生活节”是华人地区最大规模的音乐创意生活节，始于台北，已经十几年。不俗的格调，舒适的氛围，明星阵容更是强大，受到了众多年轻人的喜爱。大牌云集的场面让李宗盛戏称自己“今年太大牌了，我都排不上”。

与其他的音乐节不同，“简单生活节”不仅把舞台搬到了户外，还把音乐以外的创意统统都搬了过来，诸如生活创意、农副产品、有机产品等数百家品牌亮相，“在这里，音乐人只是一个配角，主角永远是那些有创意的年轻人，音乐并不是简单生活节的唯一，音乐只是来帮忙的，来增添气氛的”，李宗盛说，“用简单的方式，呼吁更多的年轻人专注于创造，吸取灵感和诉求，才是最重要的。”

当世界变得越来越浮华，把你所从事的、所热爱的都回到情感上，这才是初心，初心不变，才会拥有快乐的每一天，才能脚踏实地地去完成自己的梦想。流行音乐也不例外，它也是一种生活态度的选择，一种美学，一种哲学，一种能够让年轻的歌手依靠小舞台跟自己的实力，尽快登上大舞台的阵地。

简单过好每一天，就像是寻觅一道佳肴美食。只有缘分到了，适合你的菜它才终会出现，而心急是吃不了热豆腐的。

我们最终要嫁的是爱情，而不是时间

人到中年，漆黑的夜里，万物沉寂，只有你自己还在眨巴着一双眼，痴痴地盯着天花板。与你一样的周遭的人，结了婚、生了子、幸福而安宁地上着班，而你却还是孤零零一个。

在这样的时刻，突然觉得自己已经变老。年轻时的心情怎会如此憔悴、沉甸甸的？如果已老，是不是要赶紧找出许多理由来结婚，给自己诸多借口吞掉那些不甘心？

还真不是！不愿意被所谓的“合适”捆绑住的人，大有人在！

女性爱喝的鸡汤里常常说，在遇到他之前，要先学会单身、学会独处、学会让一个人也可以过得非常好、学会自我增值、学会让心仪的男人刮目相看。诸如什么“你一定要相信茫茫人海，一定会有一个爱你的人，他正穿越人潮汹涌的城市，跋山涉水来爱你”！

多么鼓舞人心，多么振奋气势！

人既然有诸多可以结婚的理由，也自然有众多可以不结婚的理由。诸如“与其将就，还不如孤独；与其不甘心，还不如不失望”等说法。

“我从来不想独身，却有预感晚婚，我在等，世上唯一契合灵魂……”

《晚婚》这首歌被李宗盛唱在“既然青春留不住”的演唱会上时，他质感的嗓音，一开口就让人听到了人生，那一句“我从来不想独身，却有预感晚婚”，台下的女性为之一颤，有人偷偷地抬起手臂，捂住嘴巴，哽咽了。

虽然人来人往，每天都会有无数的人与我们擦肩而过，可踏遍千山万水，我们却错过了一个又一个，无数次的失意，又无数次地捡起，依然还在苦苦渴望，那份真正的爱情。

如果是真正的爱情，那么，它来得迟一点又怎样呢？大不了我们都选择晚婚！

如果乐观，就会选择一路奔跑，勇往直前，因为两个人赏花，总比一个人有意思；因为爱情里无智者，所有的久别重逢，都是为了相逢的那一刹那，都是为了对对方说一声，“别来无恙”。

五十九岁的李宗盛唱着《晚婚》，说，“我在等，世上唯一契合灵魂”，这让我也想起了一个故事：

1991年5月的某天，著名作家铁凝去医院探望冰心，冰心打量着铁凝，问：“你有男朋友了吗？”铁凝摇摇头，“还没找呢”，冰心说，“你不要找，你要等”。

冰心的爱情理论跟李宗盛的“等世上唯一契合灵魂”是多么异曲同工！

后来，五十岁的铁凝终于等到了她的爱人，并且对方非常优秀，是能给她带来幸福的人。

可漫漫等待的道路上，又有多少人坚持，多少人半途而废？等待，从来不是一个简单的字眼，个中的曲折，只有自己最能体会。

就像结婚、离婚都是个人自由，有一些人，他们情愿孤身，也不肯将就。而有一些人选择凑合，认为大家都差不多。但我们生而为人，最终要嫁给的是爱情，而非时间。“无人与我立黄昏，无人问我粥可温”，但我依然在等那一个对的人！等待，真的是要有足够的勇气才做得到的事！

林忆莲是李宗盛今生最对的人，却也是永远无法抹去的痛。从开始，到后来，直至现在。即使他曾为此不惜付出一切，他的人生，何尝不是在一个错误的时间，等到了一个对的人，那般无力？

“他能不能，我能不能？”那个跟自己唯一契合的灵魂，你跟我是不是都愿意等？结婚早了的人到了后来才终于知晓，原来，只有适合结婚的感情，没有适合结婚的年龄。当那个人出现了，你会发现，伸手只是一瞬间的事情，而你却只能相逢恨晚，因为早已与他人牵手。

通透如李宗盛，在那个彷徨的阶段也会不知所措，纠结不定。世人怎么看？自己怎么想？是认认真真选择这迟来的爱，还是坦坦荡荡地结束？

遇到真爱的那一秒，任何人的灵魂都会骤然紧缩吧，是“心震”、是“脑震”、是不可自拔的纠结。

“忘了痛或许可以，忘了你太不容易”，这么多年，他承认自己最爱的女人只有一个，然而也只能遗憾地感慨，至少能够“先好好爱一回”。如果不是曾经负荷太多，也许后来的他们不会分开。

爱情真是一杯苦酒，抱憾曾迫不及待地贪杯下肚。遇到对的人时，猛然发现，自己早已丧失了所有准备的资格。所以，他说情愿“晚婚”。

听懂李宗盛，是一件非常清醒而残忍的事。他打破了我们的感性与荷尔蒙，而大张旗鼓地提醒我们所有未知的琐碎，旗帜鲜明地鼓舞我们去寻找那精神世界一息尚存的东西。

“如果早知道会遇见你，我一定会空着岁月来等你。”这句话正是李宗盛自己的写照。他害怕我们很多人早已经忘了，他要提醒我们，也提醒自己，忠于爱情的人，兜兜转转还是要学会认定，虽然已是沧桑年，却仍旧还是少年心。

晚婚只是一种姿态，就像相聚或分离，在这个过程中，你会经历拥有和放下，会经历寻找和等待，也会发现生命中无数个真谛，所有这些，才构成了人生的主旋律，管它是喜是悲，坚持过，才不会后悔。

其实这首歌，李宗盛不仅写给自己，也是拿来向江蕙致敬的。

江蕙这个名字在内地可能并不被熟悉，但在台湾地区，她堪称是闽南语天后级人物，受到千万人的敬仰和喜爱。她出道以来，唱了四百多首歌，大部分都是悲伤情歌，她曾连续四届获得中国台湾地区最佳女歌手奖、五次获中国台湾地区金曲奖最佳演唱人、五次获中国台湾地区金曲奖最佳专辑奖，更是获得第二十六届金曲奖、金曲特别贡献奖等。因此，她被称为“金曲女王”“零瑕疵歌手”，她的性格朴实，有爱心，热情而不遗余力地提携新人，也是周杰伦最感激的人之一。

成名前，江蕙的生活非常落魄贫苦，她的父亲早年是制作布袋戏布偶的，因为帮人做担保，出了意外，不得不背负重债，举家连夜搬往台北。后来，五岁的弟弟在一次发高烧晚送医院救治时，脑子烧坏，从此智力只停留在五岁。母亲临终前非常难过，嘱托江蕙一定要照顾好弟弟。

在这种情况下，江蕙不得不在很小的时候跟年仅八岁的妹妹四处找酒家走唱。所幸的是，江蕙遇到了自己的贵人，在他的提携下一鸣惊人，慢慢地走上天后的宝座。

音乐上的成功，并没有带给江蕙爱情的幸运。刚出道时，江蕙曾经爱上过一个男子，叫洪荣宏，比她更早成名。因为洪荣宏的家人担心恋情会妨碍到他的发展，所以江蕙只得与他忍痛斩断了情丝。

后来，洪荣宏遭遇黑道围砍，江蕙不顾一切前往病榻悉心照料，他们的爱情再度复燃，但最终却仍因各种原因而劳燕分飞。自此以后，江蕙洁身自爱，再也没有恋爱过，如今五十四岁的她，还是孑然一身。

唱出了人生最浓缩的苦、最纯洁的爱，江蕙带给人最大的遗憾就是至今未婚了。谈及感情，江蕙不是没有人追，中国台湾地区综艺节目大哥大张菲绯闻女友无数，但他却狂热苦追了江蕙近三十年，只是可惜，江蕙一直不为所动。有次节目上，她半开玩笑地说："六十岁以后，如果我跟费玉清都还没有找到伴侣的话，就一定在一起，不能让我们年老后孤单。"

原来，她早已心有所属。但那时，妾有情，郎无意，费玉清也是个宁愿晚婚的痴情种。相传，年轻时他曾苦苦追一名日本女星，甚至追到了日本去。但遭到女孩的家人反对，最终只能抱憾而归。自那以后，费玉清就这么一直单着。

几十年来，每在费玉清最关键的时刻，江蕙总是会出现在他面前。有一年的演唱会，费玉清收到了江蕙送来的鲜花，本以为她的人不会来了，等到演唱会结束，回到后台时，江蕙突然出现在他面前，费玉清感动万分……

两人是无话不谈的好朋友，常常凌晨相约泡茶话闲，一聊就是整个晚上，孤男寡女共处一室，江蕙说："如果你向我求婚，我一定会答应。"

人生，错过或许遗憾，但不能等待，那样只会更遗憾。最深的爱，往往都徜徉在无尽的等待里。

在江蕙的祝福演唱会上，李宗盛写了一封亲笔信送她："因为你是天赐般的，给人们美好的赠予，从心里，我献上满满敬意，你的决定，必然有你的道理，祝愿你，感谢你，安然圆满，了无遗憾。"

纽约伦敦开唱，再创华语乐坛传奇

近几年，李宗盛的人生有一种翻身农奴把歌唱似的尽兴，他留着花白的胡须，穿着一件白衬衫在演唱会，操着沙哑浑厚的声音，或坐或站在舞台上拨弄着吉他，专注地盯着提词机，以一种非常个人化的表演方式诠释着自己。他不吝向人吐露内心的困惑，赤裸地表达着自己，时而诙谐幽默、时而调侃自嘲、时而哀伤、时而深沉，即使突然记不住大量歌词，或者唱到最后因气短而尾音少拖了几拍，他的演唱会也依然能够万人空巷，门票当日告罄，甚至主办方巴不得他多加场，歌迷更是不减热情，高举牌子大喊“李宗盛，我爱你”，气势如虹，声浪一声高过一声。

这种一票难求的场面，其实也是“熬”过来的。犹记得2006年的上海《理性与感性作品音乐会》上，李宗盛站在舞台中央淡淡地说着“上海是我的伤心地”时，那时的上座率还不足七成。

而时隔八年后的《既然青春留不住》的演唱会，不仅全国各地的门票迅速告罄，而且很多黄牛还把门票炒到好几倍，这种情况下，依然能够保持争先恐后的势头，单单上海这一场，就有两万多人通过网站提前预定了门票，这让李宗盛也受宠若惊，他的演唱会赞助商们更是喜笑颜开，兴奋之余，更是不断分析这背后的原因。

这翻天覆地的变化不是没有理由的，漫长的八年间，李宗盛发挥了他耐人寻味的忍耐力和爆发力。先是有“周李二人传”保驾护航，接着是“纵贯线”积累的超高人气，然后是十年磨一剑的原创歌曲《山丘》，引发了青年人集体怀旧的情思，备受欢迎，再加上他接地气的生活方式与几十多年的处世哲学，所以他一开口，我们就听到了人生。

乐评人也不吝赞美，董昊是这么评价他的：“年轻时认为李宗盛的歌词太直白，太江湖，不够文艺，但经过多年，发现李宗盛是有预见性的，他歌中的人生道理，只有在经历后才会懂得。比如《凡人歌》中的‘多少同林鸟，已成分飞燕’，相信所有结过婚、离过婚的人都会认同。但在二十几岁时谁会懂？都以为初恋就是爱情，天长地久比一加一容易。他的作品从谈情，渐渐发展到人生哲学，浓缩了人生起伏，唱进了一代人的心里……”

与此同时，李宗盛还不紧不慢地进行着幕后的音乐工作，由他穿针引线，使得世界殿堂级爵士音乐Blue Note落户中国，成功与北京瀛寰文化传媒有限公司签署了大中国区合作协议。不仅让Jazz Club陆续在北京、上海、香港、台北等地寻找合适的场地，开发以专业演出场所和高端餐饮完美融合的顶级演出品牌，更是开创了中国音乐市场经营的新纪元。

大大小小的音乐节，李宗盛不是大会主席，就是担当演出音乐总监，他不仅深谙国内音乐市场，更是将视野投向了国际。

2014年的世界巡回演唱会，李宗盛把目光锁在了美国纽约林肯中心，在此举办演唱会的华人明星，除了邓丽君，还没有第二个。

早在2012年，李宗盛的原创歌曲《给自己的歌》，就为他拿下了好几项大奖。第二十二届中国台湾地区金曲奖最佳作词奖、最佳作曲奖、年度最佳歌曲奖，成为当时的最大赢家。

“恨意在夜里翻墙，是空空荡荡，却嗡嗡作响，谁在你心里放冷枪，旧爱的誓言像极了一个巴掌，每当你记起一句，就挨一个耳光，然后好几年都闻不得，闻不得女人香，想得却不可得，你奈人生何，想得却不可得，情爱里无智者……”他的歌词句句深刻入骨，直戳心窝，又冷酷无比，将人到中年的冷静和思索，所有深藏着的情绪，展现得淋漓尽致，甚至可以将一个男人都唱哭。

紧接着的2013年的《山丘》又为李宗盛拿下了中国台湾地区第二十五届流行音乐金曲奖最佳年度歌曲奖、最佳作词奖、最佳单曲奖，以及第十届中国金唱片最佳流行金曲奖，桂冠加冕，为李宗盛的成功打下了坚实的基础，也让他从金牌制作人，顺利跻身为票房保证，有人甚至竖起大拇指说，“李宗盛的歌就是华语流行音乐的巅峰，再难以超越”。

万事俱备，只欠东风，经过2013年的小巨蛋轰动开跑，外加一年努力，2015年4月，李宗盛终于踏上了美国纽约林肯中心的国际大舞台。在此之前，上海、北京、天津、杭州，以及洛杉矶、温哥华、吉隆坡、悉尼、墨尔本等城市均已留下了他的身影，李氏情歌风靡全球。

李宗盛也是首位在林肯中心将演唱会同步录音录影的华人歌手，他在全球艺术工作者向往的最高殿堂，留下了自己的声音，《给自己的歌》是新的开始，《山丘》则是又一次高潮。

华人明星虽然在本国内比较受欢迎，但到了国外，由于语言，加之东西方审美文化的不同，真正能撑起票房保证的却不多，而李宗盛的演唱会则人海如潮，全场沸腾，大批大批的海外歌迷不惜漂洋过海来到纽约，就好像专门来看一看李宗盛这位老朋友一样。

为了让自己能够在林肯中心留下完美的记录，李宗盛也不惜增加了三倍的人马，集结了华人演唱会影音精英。其中，马来西亚爵士乐圈子里主要推手之一的Julian Chan（曾庆松）就是其中之一，他曾放弃许多世界巡回演的邀请，毅然到美国纽约世界名家Antonio Hart（安东尼奥·哈特）专门学习爵士萨克斯风，学成归来后加入了李宗盛的团队。

同时，李宗盛还特意提前一周抵达纽约，体会纽约对一名音乐人的意义，在这里，他适应气候，调整时差，将自己调整到最佳演出状态。

在舞台上，他幽默的谈吐，时不时逗得歌迷一阵阵大笑，整场下来，就像是一场充满笑泪交织的好友聚会，气氛格外感人。李宗盛说，二十七岁时，自己第一次飞越太平洋来到美国，三十年过去了，他再次漂洋过海来到这里，终于圆了自己演唱会的梦，这也是他跟海外朋友的一个一生难以忘怀的夜晚。

两个月后，李宗盛又首度造访英国，登上了拥有144年历史的伦敦皇家埃布尔厅，在这里继续进行全场实况录音录像，他也是首位华人在此现场录制演唱会的歌手，这也让他的事业再上新的高峰，打响了国际知名度。

让李宗盛感到无比幸福的是，原本他没料到会有欧洲歌迷夹道欢迎，刚下了飞机，成群结队的歌迷一下子团团将他围住，见过无数大场面的他，此时此刻，也觉得好不自豪，倍感惊喜！同时，国际级音乐大师不远千里特意赶来听他的演唱会，更让李宗盛激动不已。

为了这次演唱会能够得以圆满，李宗盛也为之付出了很多努力，除提前一周来此之外，他每天都会在海德公园跑步健身，跑得累了，就坐在草地上休息一会儿，静静地享受六月伦敦的宜人天气，努力调整身心，六十岁的他，想要以最饱满的状态与歌迷再次会面。

6月22日，李宗盛西装革履地站在舞台中央，他深有感触地说："一进这个场地，往事一幕幕飞过，一直想起过去的场景：明新工专、民歌西餐厅、中华体育馆、台北小巨蛋、北京首体、上海……然后走进了这里，没想到能在这里开唱。”然而话锋一转，他不改诙谐幽默本色，开玩笑道，“但后台的每个门都好小好窄！”一开场，就引得歌迷哄堂大笑。

彼时，他刚刚参加完徒弟玛莎在希腊举行的婚礼，他冲着台下的观众拉家常，不无自嘲地说道：“怎么会找我这个负面教材做证婚，也许是警惕用吧！”

这些话让歌迷哄堂大笑，又禁不住喟叹他仍旧孑然一身的忧伤，往事好像从来没有断更，他一直还是那个专一、重情的小李。就在气氛忽然沉闷之时，他又连忙开玩笑说，“看来大家平常压力都很大！”再次将欢快拉回到舞台。洗尽铅华的他，已然完全具备了操控、调节现场的能力，他应对自如，又自然大方。

透过时空，影音交错，李宗盛和历代天后隔空对唱，《爱的精灵》《当爱已成往事》《梦醒时分》《你走你的路》《旧爱新欢》等，一首首耳熟能详的歌曲引得全场一次又一次集体大合唱，在高潮迭起中带着歌迷一起回顾了前三十五年的深情。

当演唱到《爱的代价》时，原唱张艾嘉惊喜现身，为全场再次掀起高潮。原来，她是为了支持好友李宗盛，特意从香港飞过来的。地点虽然陌生，情意却根深蒂固，异国他乡的相聚，是友人情谊的最高馈赠。

临别时，李宗盛非常欣慰地表示：“这是我第一次来伦敦，在这个场地演出，但我想这绝不是最后一次来这里演出，能在这演出鼓励着我，要自己多创作出好的作品，才能够继续。”

现在，他仍然奔跑在路上……

Chapter 5 每一个人的爱情里，都有一首李宗盛

对时光的反思，涓滴意念汇聚成河，他不希望我们重蹈覆辙，却又让每个人心里都住着一首属于他的歌。

生命中的精灵

《生命中的精灵》是一张“暗恋”的专辑，彼时李宗盛二十七岁，在美国旧金山湾区的山景城邂逅了一个年轻的女子，她在他眼里宛如仙子，清新可人，仿佛是从画里走出来的，他一见钟情，春心涌动。

但离别时，女孩的一个眼神，让李宗盛黯然神伤，他明白自己这只是一场无望的暗恋，顿时心碎了一地。从旧金山飞东京成田转机回家的路上，多愁善感的少年忍不住哭了一路。

就这样，为了那样一个眼神，李宗盛专门为那个女孩子写了这么一张专辑。其中，主打歌曲就是同名单曲《生命中的精灵》，也是一首写给所有失恋者的歌：

“你是我生命中的精灵，你知道我所有的心情，是你将我从梦中叫醒，再一次，再一次给我开放的心灵，关于爱情的路啊，我们都曾经走过，关于爱情的歌啊，我们已听的太多，关于我们的事啊，他们统统都猜错。关于心中的话，心中的话，只对你一个人说……”

这首歌暗潮汹涌，五味杂陈，简练浅白的词语真实地描绘出了少年感情的苦涩跟不如意，那个懵懂的年纪，那个羞涩的少年，他再也得不到苦苦暗恋的女子，她从不曾属于你。

专辑的A面第一首是“开场白”，是一首像序曲一样的短歌，后来被“小厨师速食面”做了广告配乐，李宗盛借这个开场白对听众说道：“请进来我的世界，稍作停留，在这里，有人陪你欢喜悲伤陪你愁。”

接下来他以独创式的口白式唱腔诉说着一段段生活经验，据说，在这张专辑里，每一首歌的背后都有一个故事。这些故事在他清亮又质朴的嗓音中娓娓道来，让人不禁听得全神贯注，意犹未尽。

同时，歌曲以木吉他为基调，偶尔缀以简单的乐团伴奏，凝练、集中而张力十足，因此，这张专辑被赞誉为当时流行音乐前所未有的创举，后来潘越云、张艾嘉翻唱它，再一次引起轰动。

之后，在中国台湾地区流行音乐百佳唱片专辑的评选中，《生命中的精灵》又拿到了第五名的好成绩，它对华语乐坛一直起着非常深远的影响，它也非常具备李宗盛的STYLE（风格）。

这是李宗盛的个人首张专辑，出版于1986年，那时候，小李还是一个初出茅庐的小伙子，还在父亲的瓦斯店里帮忙，每天骑着自行车到处送瓦斯，只是在这样繁忙劳累无比的情况下，挤出时间创作出来的。当时，每完成一首歌，他都会万分兴奋，常常拉着自己的朋友过来听，他一边弹着吉他，一边回忆那个离别的午后，情不自禁地就流下了眼泪，到了最后，朋友莫名其妙，他则泣不成声。

大概那个时候，谁都不曾想到，面前这个青涩、腼腆、温厚又多愁善感的男子，将来会成为一代名师吧？在音乐的道路上，他似乎具有天赐的灵性，有完全适合创作的气质，即使扬名立万，好像也没花多少时间。

虽然是第一张专辑，但整整八首歌唱完，却完全没有冷场，李宗盛的创作才能已然初现端倪，它也带给了他滚滚而来、挡也挡不住的声名与压力。从那以后，李宗盛写歌、制作、配乐、主持、演戏，几乎样样都来，生活更是忙得不亦乐乎。

在长期的音乐市场的接触中，他凭借自己的敏感，以及对歌手风格的把握，渐渐地使自己走入了巅峰时期，几乎每一首由他作词、作曲的歌曲，都能霸占台湾地区滚石唱片的最富品质和商业保证的位置。

在浮华面前，李宗盛从不妥协。他坚持让每一首歌都能成为每个人心中最真实、最深刻、最动人的感受。他的歌直白、简单，从不晦涩难懂，但却每一首都能让人印象深刻。正是因为其干净、自省、多情的特点，使他在音乐流行史上一直备受推崇。

像《寂寞难耐》中“总是平白无故的难过起来，然而大伙都在笑话正是精彩，怎么好意思一个人走开，不是没有想过，随便谈个恋爱，一天又过一天……”，将期待爱情又在爱情中辗转不安的细腻、矛盾的感情，展现得淋漓尽致，很容易就引起人的共鸣。

二十多年后，年过五十的李宗盛再回忆起这张专辑时，仍然很陶醉于当初的那种状态，但是那种清纯而坦荡诚实的感觉，即使地点相同，歌曲不变，心境却已大有不同了，只能以回望的态度，向自己的初心致敬。

2014年，李宗盛参加两年一届的“简单生活节”活动，疲惫之余，他双腿盘坐，蜷缩在沙发上，不禁又想起了二十多年前的情景，他对听众说：“这几天太疲惫，不过我还是常常回忆二十多年前的自己，那时我二十七岁，写出《生命中的精灵》这张专辑。”从他的语气中，我们能听出那一份骄傲和自豪来。

年轻爱拼搏，年老了也不愿意向岁月拱手退缩。音乐对于他来说，就像晚间床头的一盏灯，永远能照着他安心，无所畏惧。

蔡康永特别喜欢这张专辑，据说，当年他大学毕业后，为了电影梦，独自一人跑到美国洛杉矶留学时，唯一随身携带着的就是这张专辑。

在异国他乡举目无亲及繁重的课业压力下，《生命中的精灵》成了蔡康永的知心伙伴，无论是读书、写剧本或者交报告，它都时时刻刻陪伴在他身边，以至于时隔多年，他还信誓旦旦地说，“连每个旋律的转折，我都非常熟悉！”

正是李宗盛的音乐陪蔡康永度过了最难熬的时间。多年后，蔡康永主持《康熙来了》，李宗盛成了座上嘉宾，说起这段往事，蔡康永记忆犹新，他说，自己连前面那个很短的开场白都能熟稔地唱出来。

李宗盛哈哈大笑，表示不太相信，但当蔡康永真的准确地唱出每一首歌时，他才知道蔡康永真的不是在“信口雌黄”。这样的感动，让李宗盛当即表示要送一把自己亲手做的吉他给他。

其实何止蔡康永，在很多人的心目中，《生命中的精灵》这张专辑都是一段美丽的回忆，我们都曾在少年时光关起门来，缩在被子里，感同身受地听着它，它是青春最体贴的慰藉。

岁月的脚步不停地更迭，时光也会慢慢冲淡我们许多不切实际的想法，但是李宗盛的歌曲，却一直陪伴我们长大，并且越长大，才越能咀嚼出它们的味道来。它们似美梦，点缀着我们的生活，给予我们纯真和浪漫；它们也似苦酒，甘冽酣畅，带给我们反射，以及顿悟。

爱情或许不能分享，但爱情一定或有相似。遥想当年，痛苦与快乐始终并存着，因为有他，我们整个青春都不孤独。

耳边响起小李的哼唱，“关于我们的事情，他们统统都猜错”，那时光的眼泪，又匆匆而来了。

鬼迷心窍

自古才子多风流，美人儿风情万种。

遇到林忆莲时，李宗盛已婚，且是两个孩子的爸爸，妻子朱卫茵跟林忆莲还是好友。可即使这样，李宗盛还是被林忆莲深深地迷住了，正如他在《鬼迷心窍》中所写“曾经真的以为人生就这样了，平静的心拒绝再有浪潮，斩了千次的情丝却断不了，百转千折它将我围绕，有人问我你究竟是哪里好，这么多年我还忘不了，春风再美也比不上你的笑，没见过你的人不会明了。是鬼迷了心窍也好，是前世的姻缘也好，然而这一切已不再重要……”

遇上了她，成了他的劫。

那段时间，两个志同道合的人爱得非常辛苦，既负罪，可又控制不了，为爱情百转千回，辗转难眠，静夜的思念踩了思绪的尾巴，无力挣脱。他们就像回到了青涩的年华，一天里见不到，都觉得人生少了点什么。那像毒液一样的思念，渗透了血液，穿透了神经，控制了大脑，唯有遇见，人生才是甘甜。

这般的纠结反复，想放手却又做不到，而向前迈进一步，却又怕伤了人。

两人都比较含蓄、内敛，彼此眼神间的一个交换，就都读懂了对方的心中的压力。林忆莲虽然爱着李宗盛，但她不愿破坏别人的家庭，何况朱卫茵算得上她的朋友。而李宗盛虽然更加爱着林忆莲，一时半会儿却又无法恢复到自由身。

这份爱，从一开始就沉甸甸的，充满悲怆味道。

朱卫茵起初只以为丈夫是春心萌动，才子总是多情的，但后来的发展迅猛，出乎了她的意料。眼见着纸包不住火，她撑不住了。深呼了一口气后，她主动找到林忆莲："你看你那么好，可以找到比老李更好的男人，我的两个孩子不能没有爸爸……"

柔弱的女子天下无敌，如果你心房还没有包裹上一层硬壳的话。如此这般的坦白、赤诚，带着些许卑微又有点可怜的恳求，没有怨和骂，也没有痛斥，这份坚忍让林忆莲更加自责。

在爱情里，男女不同，爱得最浅的男人首先放弃，而爱得最深的女人，才是如此。

于是，后来的林忆莲做得决绝，将香港的全部物业都卖掉，台湾如日中天的事业也停滞下来，一个人飞往加拿大，像影子一样将自己收藏起来。

林忆莲突然从自己生命中抽离，而且走得这样彻底，李宗盛痛苦难熬，相思成疾，他的所有感情再也找不到寄托，痛苦、思念，分分钟呼之欲出，一颗心早已随着她，越过千山万水，奔驰而去了。

夫妻之间再也激不起半点波澜，生活成了一潭死水，勉强在一起，已变得没什么意义。谁也没说过，婚姻就是凑合，谁都懂得，凑合不来的。爱一个人，或许就是诚挚地放手，希望他找到自己的幸福。

经过思考、冷静，朱卫茵成全了李宗盛，她在离婚书上签了字。两人分开后，李宗盛立即踏上了去加拿大的飞机，他激动得泪流满面，又心潮澎湃，心中默默地叫着她的名字："Sandy，我来了，等我啊！"

1992年，《鬼迷心窍》这首歌发行，被问及这背后的故事时，李宗盛逃避了自己那时的感情，只浅淡地说，“写这首歌是在飞机上，当时遇到一位空姐，长得好看，身材也好，感觉对我也有好感，于是我就幻想如果能跟她谈一场恋爱，该多好！毕竟在飞机上很无聊嘛！但是下了飞机就马上面临着分别，就把这种非分之想，写成了这首歌。”

且不论是哪个版本的故事，有一点却是相通的，怦然心动爱上一个人，明知是鬼迷心窍，却也难以做到无动于衷。爱上对方，她的一个眼神、一个微笑、一句话，都能叫自己迅速堕入情网，沉醉而不知归路。也许在外人看来是疯狂的，可对当事人来说，却再正常不过。因为有了爱的感觉，生活也再不是一碗无味的清水，就像有个东西时刻拽着你，而你也心甘情愿被它拽着走，哪怕不知路的尽头是什么。

这种触点般麻麻的感觉，不见得每个人一辈子都能拥有。因为热烈地爱着一个人，总会害怕分离，更加会害怕全世界的人都喜欢她。爱在某种程度上，就是要自私地占有。

不自私是不可能的，如果是自私，那就是希望能跟她在一起，生生世世。

遇见爱情，是难得的幸运，是天赐的缘分，也是唯一的宿命——不放手。就像朱卫茵深爱着李宗盛不肯放弃，李宗盛深爱着林忆莲也不肯放弃一个样儿。

“是命运的安排也好，是你存心的捉弄也好，然而这一切也不再重要，我愿意随你到天涯海角，虽然岁月总是匆匆的催人老，虽然情爱总是让人烦恼，虽然未来如何不能知道，现在说再见，会不会太早”，丝丝入扣的嘶喊，徘徊不定的忧伤，李宗盛把爱情中的犹豫与果敢，写得惟妙惟肖。

真的深爱一个人，谁都不舍得轻易说再见，那种“你跟着别人走吧，只要你幸福，我就会幸福”的想法，不是懦夫，就是蠢猪。

如果爱情能因为放手就会知足的话，世间情也就少了太多可歌可泣，以及惊天动地。

离开的剧场没有剧情可再复播，那个倩影也不会随流年而消逝，她的一笑一颦，都深深刻印在心底，时不时跃出来，剜一下你，热烈极了。你，会因为不甘而哭泣吗？如果是的，勇敢一些，有什么不好？

李宗盛是勇敢的，为了自己心爱的人，他甘心迎接一切狂风暴雨。我们疼惜他，因为他有勇气。

后来，这首歌成为周海媚、黄日华主演的电视剧《末代皇孙》的主题曲，传遍了大街小巷，也成了李宗盛创作的经典歌曲之一，更是在次年新加坡第一届“醉心金曲奖”荣获了最佳作词人大奖。

2000年，周华健翻唱了这首歌，一样的旋律，一样的歌词，听起来却感觉失了骨髓，不是他唱得不够好，而是春风得意、家庭事业皆美满的人，大概不适合唱这一首歌。

网络论坛上有一个网友提及自己朋友的故事，男同事喝得酩酊大醉，吵嚷着明天就要到“她”的城市去，他问他：“何必呢？要辞职去那么远！”同事却反问他：“你听过李宗盛的《鬼迷心窍》吗？”一句话，将他刚刚的不屑与轻蔑，击得粉碎。于是这个人，也开始提酒猛灌，喝得醉醺醺的时候，他哭着说：“哥们，你是对的！”

是的，但凡真的遇到过真爱，听了这首歌后，大概都会触曲生情，心思摇曳。因为无畏无惧，魂牵梦绕，又鬼迷心窍，这大概才是爱情最初的味道。

虽然，这一对珠联璧合的人，最后还是一拍两散，但比起失去后才知道后悔，至少他们曾用力地爱过，多年以后，再回首这一段曲折缠绵的岁月，大概依然还是会感慨：如果给我再重新来一次的话，仍然愿意陪你到天涯海角，不后悔……

每一个人的爱情里，都有一首李宗盛

不知从何时起，朋友圈开始听李宗盛，经商的、搞学问的、文艺圈的、娱乐圈的、普通工薪阶层的，门类繁多，不分男女，全是宗粉，夜半三更时，说唱APP（Application的缩写，应用程序的意思）还时常会传来几曲真人演唱版，模仿得惟妙惟肖，听起来很是上瘾。

有一回，我的小侄子歪着脑袋问我："大姑姑，你们怎么都听那个老男人的歌？我觉得还是周杰伦的好。"童言无忌，小孩子说话也很朴质，我想了一下，笑着说："老男人才有味道嘛，他一开口就是人生啊！"

是的，年轻时不愿接触李宗盛，不听他的歌，要么是因为听不懂，似懂非懂；要么是不喜欢他那花白的胡须，独具一格的说唱方法；要么是觉得歌词太不朝气，处处是深沉，丝丝是悲离。年轻嘛，为赋新词强说愁，也不太好的，所以宁愿"哼哼哈哈，我使用双截棍"。

可忽然有一天，年轻人也开始听李宗盛，中年人、老年人更是欣喜万分：他的歌怎么就那么动人呢？

其实，那都是一种阅历啊！

每一个人，谁不曾在感情世界里徜徉过呢，只不过每个人的经历不同，李宗盛只是帮大家把所有的期待、无奈、烦琐、忧伤、甜蜜、苦涩等全部挖了个遍儿，你我内心一直深藏着的所有情绪，他统统经历过。因此，总有那么一个时刻，我们都可以听懂李宗盛。

二十多岁，李宗盛刚刚进入滚石唱片没多久，青春年少，意气风发，又有独到的见解求于表达，他很希望自己的梦想能够开花，于是，《风柜来的人》唱出了所有这个时期的年轻人的愿望："青春正是长长的风，来自无垠去向无踪，握住生命如同握住一只球，对着太阳掷去，缀成一道不经心的彩虹。"

忙碌于事业的同时，年轻人对爱情的追求丝毫也不逊色，二十七八岁的年纪，父母催促结婚趁早，同龄人有不少早已领先一步，内心的角落里隐隐奢望着一个美好的人赶快出现，在最好的年华遇到彼此，于是"不是没想过，随便谈个恋爱。一天又过一天，三十岁就快来，往后的日子，怎么对自己交代，寂寞难耐，寂寞难耐"。这首《寂寞难耐》唱出了多少人的心声！

终于有了稳固的家庭，为了养家，还要疲于事业，他在《忙与盲》中写道，"许多的电话在响，许多的事要备忘，许多的门与抽屉，开了又关，关了又开，如此的慌张"，生活忙碌得一塌糊涂，每天的节奏忙到错乱不堪。身心疲倦时不禁自问：每天这样活着，究竟是为了什么？人生的意义究竟何在？"忙是为了自己的理想，还是为了不让别人失望？盲盲盲……"于是在《我是一只小小鸟》中问道："生存的压力与生命的尊严，哪一个更重要？"你看，你所思考的，李宗盛也想过了。

等事业开花时，婚姻却忽然陷入一潭死水，为了孩子，只能隐忍，选择得过且过。可谁知，就在以为一切就只能这样了时，那个心上人却踏雪而来。

于是思念呼之欲出，明知不可为，又控制不住，只能在两段感情中苦苦挣扎："为你我受冷风吹，寂寞时候流眼泪，有人问我是与非，说是与非，可是谁又真的关心谁？”既负疚，又煎熬，那份纠结与脆弱，不得不去承受的舆论与道德压力，想一想，都觉得很难过。

可左思右想，思念却依然像长了翅膀，爱情的荷尔蒙涌上来，也只能不可抑制地抒发着自己的怦然心动，在《我是真的爱你》中便写道：“曾经自己像浮萍一样无依，对爱情莫名的恐惧，但是天让我遇见了你，我初次见你人群中独自美丽，你仿佛有一种魔力，那一刻我竟然无法言语，春风再美也比不了你的笑，没见过你的人不会明了。”想一想你我初次遇见爱情时的那份心动、惊喜、羞怯，不正是这样吗？

然而，我们拼尽全力去得到的爱情，却往往在风平浪静后走向死亡。这时候难免悲伤，难免失落，又想不通透，究竟是为什么。这时，李宗盛在《阴天》这首歌里写道：“开始总是分分钟都妙不可言，谁都以为热情它永不会减，除了激情褪去后的那一点点倦。”隐隐约约、低吟浅唱，却把时光流逝，激情不再的悲哀，扎进了我们的心里。

还有一些异地恋，难免因时间和距离而不得不分道扬镳，这样的无奈，歌手娃娃只简单几句话，就成功勾起李宗盛的创作灵感，他自己又何尝不是？2004年，他跟林忆莲意见不同，一个谋求香港发展，一个则要去北京重新来过，两地分居，没多久，分道扬镳。因而，当我们听着“在漫天风沙里，望着你远去，我竟悲伤得不能自己，多盼能送君千里，直到山穷水尽，一生和你相依……”时，就好像看到了那个曾经在机场转身离去的背影，那个禁不住泪流满面的自己。

感情不是渐浓的，相反，随着时间的推移，它越发平淡如水，到后来，只剩下相顾无言泪两行，不得不跟往事拜拜。“当缘起和缘灭，我们的过去要如何重写？”成了当事人最焦虑跟无法逃避的问题，而当你终于释怀，学会放下，学会祝福，又可以听见李宗盛唱："走吧，走吧，人总要学着自己长大；走吧，走吧，人生难免经历苦痛挣扎；走吧，走吧，为自己的心找一个家，也曾伤心流泪，也曾黯然心碎，这是爱的代价。"

分手之初，难免黯然销魂，午夜梦回时，还是会惦记那曾经的点点滴滴，怎么都不肯相信，房间里的空荡荡和床头的那一片落枕，残忍地证实了自己的独身。开始彻夜难眠，辗转反侧，可事实已成定局，无法更改，于是想了又想，终于明白，在《写给自己的歌》中写道："我认识的只有那合久的分了，没见过分久的合。想得却不可得，你奈人生何，想得却得不到，情爱里无智者……"

曾经沧海难为水，除却巫山不是云。很多年以后，分手的一方依然还保持单身，对婚姻、爱情又萌生了独到的看法，这时候已经释然与冷静，洒脱和自嘲，李宗盛又写道，"时光不再啊时光不再，只有自己为自己喝彩，只有自己为自己悲哀"，一回头，还是那个倔强的自己在嗷嗷直叫，却又让多少有情人感怀不已。

用情至深时，可以去听听《爱如潮水》《明明白白我的心》《鬼迷心窍》《在我生命中的每一天》；失恋难过了，可以去听听《别怕我伤心》《寂寞难耐》《阴天》《领悟》《漂洋过海来看你》；对人生有所感触了，可以去听听《凡人歌》《给自己的歌》；纠结无奈时，可以去听听《为你我受冷风吹》《不必在乎我是谁》；离婚了，可以去听听《我终于失去了你》《当爱已成往事》；当你老了，还有《山丘》来陪伴过尽千帆的你，一路踏越惆怅与寂寞。

这个世界上有才华的人实在太多，但并不是每一个人都可以成为李宗盛。终于发现了吗？这个男人不单单是一个音乐制作人，他也曾有希望、有无奈、有感伤、有孤独、有自嘲、有开怀大笑，羞于求救，伴随一地鸡毛，却又冷峻自处、豁然通透，他是属于我们每个人的朋友啊！

李宗盛随时随地都是站在我们身边的，像那路边大树下乘凉的老大爷，手里举着芭蕉扇，微笑着唠两句嗑，却每一句都富有人生哲理，然后你还在饶有意味地思索，他却已经起身，提着一壶酒，缓缓走开。

他走的路比你长，他遇到的事比你多，他大脑里储存的记忆比你大，他一边走路，一边把日子写成了歌，歌词没有复杂的词藻和华丽的技巧，算不上优雅，有点点江湖气，通俗直白，简单流畅，却每一首都是抚摸过的百味人生，时而如刀子般锋利，时而如心灵般柔软，时而淡然，时而苦涩，时而抒情，时而沉郁，不论哪一种，几乎笔笔似刀，刀刀见血，瞬间就能击中你心底最深的角落里，因此，他唱着自己的歌，你却也听明白了自己的人生。

滚石爱情故事

“他的情歌，你的故事，欢迎对号入座”，2016年，滚石公司隆重推出系列爱情剧《滚石爱情故事》，先在滚石10000多首的曲库中精选出300首情歌，再过滤到80首，给10位编剧挑选20首。最后由15位导演分别执导，40位主演，20个故事，全部改编于滚石流行金曲，其中李宗盛演唱及参与创作的歌曲就独占了5首，足见他的歌影响力之大。

别出心裁的创意IP（Intellectual Property的缩写，知识产权的意思）背后，其实反映出观众普遍对这些经典音乐的深深怀念。这部电视剧，既没有赞助商，也没有广告植入，滚石独资完成，一经播出，便收获好评如潮，豆瓣的评分高达8.2分！

20首歌曲包括莫文蔚《爱情》、五月天《终结孤单》、陈升《最后一次温柔》、刘若英《成全》、周华健《我是真的付出我的爱》、任贤齐《对面的女孩看过来》、张震岳《爱我别走》、黄品源《小薇》、伍佰《挪威的森林》、梁静茹《如果有一天》、金智娟《漂洋过海来看你》、张艾嘉《爱的代价》、万芳《新不了情》、陈淑桦和李宗盛合唱《你走你的路》、李宗盛《鬼迷心窍》、辛晓琪《味道》、赵咏华《最浪漫的事》、顺子《写一首歌》、林忆莲

《伤痕》、杨乃文《祝我幸福》。

它们有一个共同的特点：不拖拉、不肉麻、不造作、不鸡零狗碎、不家长里短，一改偶像剧的风格，虽然每集只有四十多分钟，平平淡淡，却耐人寻味，每到高潮处突然戛然而止，让人意犹未尽。每一集，都贯穿着一首金曲，用音乐主导主旋律，借歌声的温柔表现现实中爱情的残酷、犀利，又入木三分。

李宗盛入选的5部作品分别为：《漂洋过海来看你》《爱的代价》《你走你的路》《鬼迷心窍》《伤痕》。这五首歌里，无论是娃娃、张艾嘉、陈淑桦，还是李宗盛与林忆莲，每一个人都是一部滚石爱情故事，非常戏剧性，却又真实残酷。

滚石1980年成立以来，历史悠久，造星无数，从未间断，更不曾出现断痕，而最宝贵的还是，它的每一首情歌都能跳脱年代感，丝毫没有代沟。好的作品，其实就是能永远打动人心的，不会随时光变迁而变得时过境迁。

《漂洋过海来看你》，娃娃的异地恋，从美国纽约、中国台湾、中国香港，辗转到北京的跨度甚大的远距离恋爱，被编剧改成了台北和绿岛，范围虽然缩小了，但爱情仍旧打动人心。

女主美英从小在台北长大，是一个晚间视讯主播，性格外向坚强。不幸的是，她有一个失智的妈妈，为了照顾妈妈，她时刻都会带着她。可有一天，她一不留神忘记了锁门，妈妈就失踪了。万般无奈又焦急万分的情况下，美英收到了来自绿岛男孩的电话。

男主是一位绿岛灯塔管理员，长得不帅，纯粹又简单，两人在那里邂逅，在最伤心的时刻，他给了她最大的精神安慰和关心。在宁静的灯塔和浪漫的星空下，两人的爱情悄悄地萌芽，彼此的生活也渐渐发生了改变……

《爱的代价》，讲述了一对靠贷款及家人提供的创业金在海边经营一家情侣酒店的小夫妻的故事。一眨眼，七年缓缓地过去了，两人最初的热情也几乎消失殆尽，取而代之的是鸡毛蒜皮的小事，以及无休无止的争吵，两人都觉得疲了倦了累了，于是都向每天做清洁工作的花姨透露，他们想卖掉这家酒店，回到市区，重新来过。

有一天，一个意外让他们真正将想法付诸行动。一名顾客突然在酒店里发病，因为没用身份证登记，被辖区的警察查了，两人陷入激烈争吵，迅速找到中介，决定卖房分手一拍两散。可就在此时，酒店来了一对小情侣，决定在这里烧炭自杀，幸好及时被花姨发现，拯救了他们。

之后，女主带小姑娘到海边散心，对方问她爱情到底是什么时，女主若有所思地说："爱情会由一开始的浪漫，变成柴米油盐酱醋茶的厌烦。"于是小情侣决定鉴证一下，代替他们暂时管理这家酒店。

趁这个机会，男女主分头行动，分别去考察了别家酒店，分析它们生意热火朝天的原因。等他们回来时，这对小情侣正在花姨以及网络众筹的帮助下改造酒店，而出去的这段时间，他们也想起了自己当初经营这家酒店的初心，决定重新回归。就在一起整顿酒店的过程中，他们的爱情之火点燃，慢慢地淡忘了彼此的缺点，而学会欣赏彼此的优点。

原来，爱情不过是各退一步，互相迁就，这样才可以天长地久。电视剧结尾，张艾嘉的声音响起来，伴随着激动、喜悦、浪漫，那对小情侣也携手步入了婚姻的殿堂。

《你走你的路》，讲述的是一对离婚后的夫妻，由于孩子的牵绊，时不时还需要继续往来一二。但为了顾及现任的感受，男方只能远远关心，即便前妻苦苦求助，也只能委托自己的朋友去帮忙、照顾。但前妻却有饮恨，一并拒绝，再不去打扰他，也不再抱有任何希望。

故事有那么点残酷，但我们都懂。虽说一日夫妻百日恩，但离婚了，你走你的路，我过我的桥，彼此人生不再有交集，兴许才是最好的处理方式。毕竟，选择放手了，再暧昧不清，就是不负责任，对自己，也是对别人。

《鬼迷心窍》，讲述一个非常健忘的女古画修复师，被小他六岁的男子暗恋的故事，但是她却根本不记得他是谁。她对画作历史如数家珍，也时常去帮忙博物馆或者美术馆，做画作鉴定。有一天受邀与博物馆馆长进餐，却遇到一个并不真心欣赏艺术，只希望靠画作赚钱的商人，她冷淡离开，却被商人的儿子挂念。晚上，他们在街边邂逅，他认出了她，可她根本没有任何印象，她买了他的串烧，转身离开时，走到路口，却怎么也找不到回家的路。

得了阿兹海默症的恋人，当你的记忆逐渐消失，我们的爱情究竟该怎么办？这是一个非常虐心的爱情故事，跟李宗盛的原创歌曲一样令人忧伤。

《伤痕》是一部同志故事，一个看透了人性的自私、狡诈和阴险，再也不相信男人的女人，和一个有点霸道果敢有点像男人的女副总，上演着惊心动魄的爱情，让不少观众拍手叫绝。

当她唱着“若爱得深，会不能平衡，为情困，折磨了灵魂；该爱就爱，该恨就恨，要为自己保留几分”时，这个众人嫌弃的醉鬼被霸道女副总拖回了家，并主动送上了自己的亲吻。

男友力爆棚的女人，原来也是非常大受欢迎的啊。“那个人，我跟她在一起，很开心，很安心。她说的话，都是我想听的，她带我去的地方，也都是我想去的。我从来没有这样的感觉，也从来没有这么想要依赖一个人过。可是，为什么，她是个女人？”后来的她们在一起了吗？故事是开放性结局，但暗示却是成人所愿。

用歌词讲述故事，用故事体悟歌词，这个创意真直戳泪点，或许也将是未来音乐的另一种生存形式。更妙的是，我们还可以在剧中看到自己喜欢的歌手亲自“献身”，例如，在烧烤店的一个角落里，李宗盛一个人在独自喝酒，娃娃成了旅游团的导游，张震岳在马路边搭讪卖槟榔的女孩子……创作人演绎起自己的故事来，浓浓的情怀，顿时成了一件件宝贵的艺术品。

人间万象，百态人生，无论你单恋、失恋、暗恋、热恋、苦恋抑或虐恋，听一听歌，再看一看本人出演的故事吧，哪怕他惊鸿一瞥，相信你都会有所触动，因为这是他与你之间的水花，除此涟漪，还有共鸣。

极品老男人：台湾李宗盛，香港卢冠廷

没听过李宗盛，你不懂华语乐坛；没听说卢冠廷？那你可能是个假80后。

“从前现在过去了再不来，红红落叶长埋尘土内。开始终结总是没变改，天边的你漂泊白云外。”去听听韩寒的博客背景音乐，去看看电影《大话西游》，主题歌《一生所爱》，他放在那里多少年！

《大话西游》是星爷影视巅峰作品，而它的主题曲也是经典中的经典，有人说，“当你真正看懂了《大话西游》，你就真正懂得了爱情。当你听懂了《一生所爱》，你就真的懂得了什么是哀伤和无奈。”

这个曲子，每次听来，都是满满的回忆和感动，对，它的作曲人和原唱，就是那个时常出现在香港喜剧电影中的小配角卢冠廷。而它的作词人，则是卢冠廷的太太唐书琛。

唐女士出身于书香门第，是一位博学高雅的文化女性，卢冠廷这个名字也是她为老公改的，卢冠廷原名叫卢国富，不是不好听，但明显改过的名字不俗气，更有气质。

丈夫作曲，妻子作词，两人可谓珠联璧合，他们是香港影视剧中难得的才子佳人。夫唱妇和，夫随妇唱。她擅长填词，作品每每都围绕一个“情”字，

执着、痴狂，四两拨千斤。而他重情，是快乐的老实人，乐天知命，豁达坦率，始终唱得风轻云淡，不走刻骨剜心的路线，声音中带有一种留声机般的质感和少年的纯真，能容纳千山万水，又能与流逝的时间对抗。

两人都毕业于世界名流大学。卢冠廷1950年7月19日出生于香港，自幼就移居美国，先后毕业于西雅图华盛顿州立大学和科尼许音乐学校。而唐书琛从小就立志要出人头地，肩负唐家后代的责任，她同样毕业于美国知名大学，是香港有名的才女。卢冠廷常常挂在嘴边，逢人便说："我的太太很厉害的，她是香港不世出的才女。"

27岁，卢冠廷在美国取得了业余歌手大赛冠军后，选择回港发展娱乐事业，但好的起点，并没有给他带来好运气。他的歌在香港并没有很受欢迎。相比较李宗盛，卢冠廷的音乐之路走得更加荆棘坎坷。

卢冠廷一直淡然宽容又盲目自信，对此，他说："这没什么，可能是品位的问题，待我重新熟悉了香港，他们就会喜欢我。"正是这份坦荡，成功吸引了才女唐书琛，她认为这样有胸怀气度的男人，一定是可以做大事的人。

两人谈恋爱时，浓情蜜意，公然忘我地违反了酒店规定"情侣不能在酒店咖啡厅聚餐"，结果被老板发现，卢冠廷被炒了鱿鱼。就在他郁郁不得志的时候，唐书琛为他写了一首歌《天鸟》。

正是这首歌，让卢冠廷阴差阳错得到了唱片公司高层的欣赏，公司立即找他签约，并为他出了这张专辑。

好不容易得到了机会，卢冠廷的才华得以展露，也迅速得到了认可。他先后获得香港乐坛、香港电影金像奖和台湾地区电影金马奖等多个奖项。他成了香港音乐圈的宗师级人物，谭咏麟、张国荣、徐小凤、叶德娴、林子祥，都以能唱他的歌为荣。

一路走来，妻子与他同甘苦共患难，相互依偎，相互扶持，他的脸上，充满了微笑。

卢冠廷与李宗盛明显不同，他很幸福，经历过的风风雨雨不见得少，但你永远无法从他脸上看到任何沧桑，只有乐观和希望。他是那种永远看似平平淡淡、柔情清冷的人。有段时间不想出专辑，太太便陪着他一起封笔。或许正是因为有佳人相伴，抚琴弹唱，不过只为博佳人一笑而已。

而李宗盛则完全不同，他的笑容里都是饱经沧桑，但他又有老男人的落拓不羁、潇洒豪迈，真实而从不掩饰，幽默又诙谐，非常迷人。不同于卢冠廷的内敛，他的内心是开放的，无论事业、爱情、家庭、生活，对他来说，都是与外界沟通的特殊方式，他寻求了解，也感慨无奈。

性格迥异的两个人其实早就认识，并且是相互欣赏的老友。除了音乐上的惺惺相惜，可能还要追溯到他们的童年时代。

两人读书时成绩都差得一塌糊涂，卢冠廷用自己的话来解释“考试永远不及格，永远被人认为将会是拖累社会的人”，同时，长得又普通，在靠脸吃饭的娱乐圈里，他们都算得上是另类。但上天给了他们很多缺陷，却又没让他们彻底毁灭，当发现自己拥有热爱音乐的心情后，两人一路狂奔，单这一项，不仅足够谋生，还狠甩别人十万八千里。

提起他们，人们会说，“台湾李宗盛，香港卢冠廷”。

早在1993年，李宗盛与卢冠廷就一起出了一张专辑，名为《2 × ManLife我们就是这样》。其中，《如风往事》是这张专辑里的其中一首，由卢冠廷作曲，李宗盛和唐书琛作词，共同创作完成。

两人多次互为对方演唱会嘉宾，同台合唱这首歌，一个用国语，一个用粤语；一个粗犷，一个细腻；一个脚踏实地，一个缥缈辽远，却有着一种天衣无缝的魅力。

那一年卢冠廷43岁，李宗盛35岁，都是人生的黄金年纪。不知不觉中，25年过去了，卢冠廷如今68岁，而李宗盛也已60岁。再回首《如风往事》的演唱视频，不能不令人感慨万分："因为那时间如风，告诉我们人生太匆匆。"

谈到歌词，两人分别诠释何谓"情"，李宗盛说："时间如风，回忆过去，留下了太多感慨。"而卢冠廷则说："时间如风，我的过去很美好，很快乐！"截然不同，又互为知己。

2008年，卢冠廷个人演唱会上，再次邀请李宗盛合唱《如风往事》，两位老友台上默契对唱。卢冠廷的声音有点尖细，带着点颤音，非主流，却显得深沉，柔情，而李宗盛则是说唱自如，于轻易之间就能激荡人心。两人最后一眼深情对望，台下观众顿时一阵叫绝，不少人忍不住喊："泪奔啊，全是戏，两个大师级的演出！"

两人都是很倔强执着的那种人，一直坚持用自己的方法做音乐，李宗盛辞去滚石总经理职务，就是不愿自己的音乐情怀轻易被市场改变。而卢冠廷则说："我永远不会去迎合什么潮流，我一定要做自己的创新。如果你不喜欢，我不管，总之我不可能为两餐出卖自己。"

他们都承认，这许多年"少赚很多钱"，但这不会阻止自己的信念。后来，李宗盛专心做起了吉他，闭关时期又收了关门弟子；而卢冠廷则隐退娱乐圈，陪着太太游山玩水，尽情享受平淡自如的生活。

所相同的是，2015年，卢冠廷因有太多人找他创作，宣布全面复出。而李宗盛则在那一年继续开唱，《既然青春留不住》掀起了北京演唱会最强烈的一次风暴。

做人要有底线，做事要有原则，不逾越心情，不人云亦云，不随波逐流。

努力做自己的人，不留遗憾，并且，经历命运浮沉洗礼的人，才能拥有至深的平和。

等你回忆的时候，就会明白：人生没有白走的路，每一步都算数。

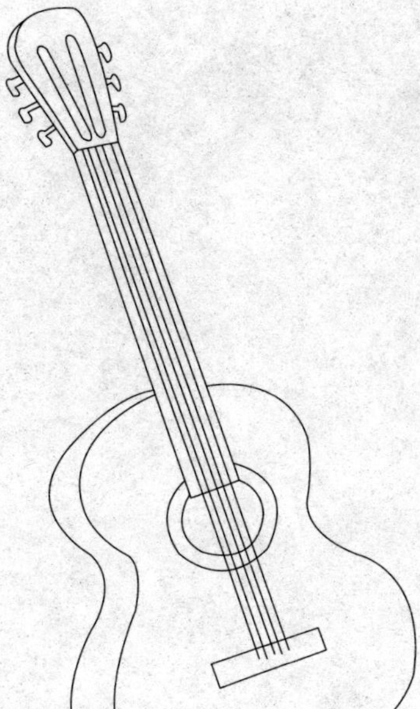